오늘 뉴스처럼 생생하게! 한 권으로 만나는 한국사튜브

하루 10분
한국사 신문

오현선 지음

서사원주니어

어린이 여러분!

어린이 여러분은 한국사를 좋아하나요? 좋아하지 않는다면 혹시 그 이유는 무엇일까요? 여러분이 태어났을 때부터 지금까지를 잘 돌아보세요. 행복했던 일, 힘들었던 일, 슬펐던 일도 모두 떠올려 보는 거죠. 어떤 생각이 드나요? 좋았던 기억도 있지만, 아마 힘들었던 기억도 있을 거예요. 그리고 지금까지의 시간이 지금의 여러분을 만들었을 거예요.

나라의 역사도 마찬가지랍니다. 지금 우리가 살고 있는 이 시대의 모습은 어느 날 짠 하고 만들어진 것이 아니에요. 정말 긴 시간을 거쳐, 모진 풍파를 견디면서 지금의 모습이 되었지요. 그래서 지금의 모습을 이해하고, 또 앞으로 어떻게 나아갈지 고민하기 위해서는 반드시 우리가 지나온 역사를 알아야 해요. 알면 알수록 앞으로 뚜벅뚜벅 걸어 나갈 힘도 생길 거예요.

하지만 역사책을 읽기는 참 쉽지 않죠? 그래서 선생님이 『초등 한국사 용어 일력 365』라는 책을 썼어요. 한국사 책을 읽기 편하게 도와주는 한국사 용어들이 담긴 책이에요. 그리고 또 이렇게 여러분을 위해 『하루 10분 한국사 신문』이라는 책을 썼어요.

한국사는 너무도 긴 세월의 이야기를 담고 있어 사실 읽기 쉽지 않아요. 그래서 매일 신문처럼 읽기를 바라며 기사 형식으로 책을 썼어요. 기사 하나에는 한두 가지 사건만 담았으니 하나씩 천천히 읽어 보세요. 그리고 오른쪽의 퀴즈를 재밌게 풀어 보세요. 어느새 우리 역사가 마음속에 쏙쏙 들어올 거예요.

이 책을 쓰는 동안 선생님은 사실 참으로 힘들었어요. 이 방대한 우리 역사를 어린이들의 시선에 맞추어 100개의 기사로 쓰기는 쉬운 일이 아니니까요. 하지만 쓰는 내내 너무도 행복하기도 했어요. 특히 마지막 기사에서 세계 속의 대한민국을 이야기하면서는 마음이 갑자기 멍해지며 울컥하기도 했어요.

왜 그런가 생각해 보니, 이 힘든 시간을 잘 견뎌 내고 살아남은 우리 대한민국이 너무 기특하게 느껴져서 그랬던 것 같아요. 지금 우리가 사는 이 나라를 있게 해 준 수많은 분들께도 참으로 감사한 마음이 들었어요.

무엇보다 이 책을 읽을 어린이 여러분이 계속 떠올랐어요. 여러분의 삶도 하나의 역사랍니다. 앞을 향해 뚜벅뚜벅 걸어가는 여러분의 삶을 귀하게 여겨 보세요. 때론 지난날을 돌아보고 때론 아름다운 미래를 희망하면서요.

여러분이 지나온 날들을 잘 기억한다면 힘든 날이 있어도 견딜 수 있을 거예요. 그 삶을 선생님이 응원할게요.

오늘도 과거를 추억하며 미래를 그려 가는
오현선 선생님이

차례

이 책의 구성과 활용   8

선사

1. 구석기인들의 사냥 생활 탐구   10
2. 신석기인들이 빗살무늬 토기를 만든 까닭은?   12
3. 세상을 바꾼 농사, 신석기 혁명   14
4. 새로운 도구, 청동기가 생겨나다   16
5. 거대한 무덤, 고인돌의 주인은 누굴까?   18
6. 벼농사가 널리 퍼지기 시작하다   20

고조선 초기 국가

7. 드디어 한반도의 첫 나라 건국   22
8. 고조선, 법이 생기다   24
9. 고조선, 청동기에서 철기 문화로   26
10. 위만, 준왕을 몰아내고 고조선 왕이 되다   28
11. 고조선, 한의 공격으로 무너지다   30
12. 민며느리제 풍습이 유명한 나라가 있다고?   32
13. 남쪽에 세 나라 삼한이 등장하다   34

선사 ~ 초기 국가 박물관   36

삼국

14. 알에서 태어난 사람들이 있다고?   38
15. 알에서 나온 사람들이 나라를 세우다   40
16. 비류와 온조, 백제를 세운 사람은 누구?   42
17. 고구려, 국내성으로 도읍을 옮기다   44
18. 철이 풍부한 가야를 주목하라!   46
19. 삼국이 불교를 받아들인 까닭은?   48
20. 광개토 대왕 나가신다, 길을 비켜라!   50
21. 장수왕은 왜 평양성으로 도읍을 옮겼을까?   52
22. 백제, 도읍을 두 번이나 옮기다   54

23	무령왕, 백제를 다시 일으키다	58
24	아름다운 문화의 나라, 백제	58
25	신라 장군 이사부, 우산국 정벌!	60
26	진흥왕, 신라를 크게 키우다	62
27	꽃 같은 청소년의 모임, 화랑도	64
28	신라를 왜 황금의 나라라고 했나요?	66
29	골품제, 성스러운 뼈는 따로 있다?	68
30	가야, 신라에 통합되다	70
31	진흥왕, 순수비를 세우다	72
32	삼국이 모두 원하는 곳, 한강!	74
33	을지문덕, 수의 백만 대군을 물리쳐라!	76
34	신라 최초의 여왕이 탄생하다	78
35	당태종이 고구려를 공격하지 말라고 한 까닭은?	80
36	백제 장군 계백, 황산벌에서 쓰러지다	82
37	충격의 고구려 멸망, 진짜 이유는?	84
38	당을 물리치고 삼국을 통일한 신라	86

남북국

39	대조영, 발해를 세우다	88
40	이제 발해는 해동성국!	90
41	떴다! 해상왕 장보고	92
42	신라를 바꾸고 싶었던 최치원의 꿈과 좌절	94
43	견훤, 후백제를 세우다	96
44	궁예, 후고구려를 세우다	98
45	발해의 멸망, 앞으로 고구려를 이을 나라는?	100

삼국 ~ 남북국 박물관　　　　　　　　　　　102

고려

46	왕건, 고려 세우고 후삼국까지 통일하다	104
47	왕건이 스물아홉 명의 여인과 결혼한 까닭은?	106
48	광종이 호족 세력을 약하게 만드는 방법	108
49	서희, 거란 장수와 담판을 벌이다	110

50	귀주 대첩의 영웅, 강감찬	112
51	윤관이 여진족을 몰아내다	114
52	벽란도는 지금 시끌벅적 국제 무역 중	116
53	차별받던 무신들, 결국 일어나다	118
54	무신 정권 시대, 최장 집권한 최씨 집안	120
55	노비 만적, "우리도 세상을 바꿔 보자!"	122
56	몽골의 침략, 고려에 드리운 먹구름	124
57	공민왕, 개혁 정치를 펼치다	126
58	고려 말에 등장한 새로운 세력들	128
59	이성계가 위화도 회군을 하고 있다고?	130
60	고려, 역사 속으로 사라지다	132
61	고려의 문화 유산을 찾아	134

고려 박물관 136

조선

62	이성계, 조선을 건국하다	138
63	조선은 유교의 나라	140
64	태종 이방원, 나라의 기틀을 다지다	142
65	세종, 조선의 문화를 발전시키다	144
66	백성들을 위한 글자, 훈민정음 탄생!	146
67	세조, 조카를 내쫓고 왕위에 오르다	148
68	일본, 임진왜란을 일으키다	150
69	임진왜란의 영웅 이순신의 마지막 해전	152
70	정묘호란의 불씨가 된 외교 정책은?	154
71	병자호란, 삼전도에서 굴욕을 당하다	156
72	효종, 북벌 운동을 펼치다	158
73	붕당들이 상복 입는 기간을 두고 싸운다고?	160
74	조선에 나타난 화폐, 상평통보	162
75	영조, "붕당 따지지 않겠다!" 탕평책 실시	164
76	정조, 수원 화성 행차하다	166
77	요즘 뜨는 학문은 실생활에 도움 주는 실학!	168

78	천주교가 들어오고 동학이 생겨나다	170
79	프랑스와 미국이 잇따라 침략해 오다	172
80	강화도 조약을 맺고 나라 문을 열다	174
81	임오군란과 갑신정변이 일어나다	176
82	전봉준, 동학 농민 운동을 이끌다	178
83	일본의 목소리가 커진 갑오개혁과 청일 전쟁	180
84	명성 황후, 시해되다	182

조선 박물관 184

대한 제국 일제 강점기

85	대한 제국, 외교권을 빼앗기다	186
86	고종, 헤이그에 특사를 보내다	188
87	안중근, 이토 히로부미 저격하다	190
88	나라를 완전히 빼앗기다	192
89	조선 총독부가 세워지다	194
90	3·1 운동, 전국에 퍼진 대한 독립 만세 함성	196
91	독립군, 항일 무장 투쟁을 하다	198
92	우리 민족의 독립운동, 누구라도 무엇으로라도!	200
93	일제, 민족 말살 정책을 펴다	202
94	마침내 광복을 맞이하다!	204

대한민국

95	대한민국 정부가 수립되다	206
96	6·25 전쟁이 일어나다	208
97	이승만 정권, 4·19 혁명으로 무너지다	210
98	5·18 민주화 운동이 일어나다	212
99	6월 민주 항쟁으로 이끌어 낸 대통령 직선제	214
100	세계 속으로 뻗어 나가는 대한민국	216

대한 제국 ~ 대한민국 박물관 218

- 지도로 보는 한국사 219
- 사진 출처 220

이 책의 구성과 활용

우리 역사의 흐름을 그 시대의 기자가 들려 주는 짧은 기사로 읽어 보세요. 생생하고 실감 나게 역사를 이해할 수 있을 거예요. 기사 한 개에 사건 한두 가지로만 구성한 간결한 호흡이어서, 머리에 쏙쏙 들어와요.

활동 페이지는 기사를 잘 읽은 친구에게 주는 리워드처럼 활용하세요. 한 문장 요약 글을 읽고, 초성 퀴즈, 미니 퀴즈, 핵심어 뽑기, 미니 논술로 생각하는 힘을 키워 보세요.

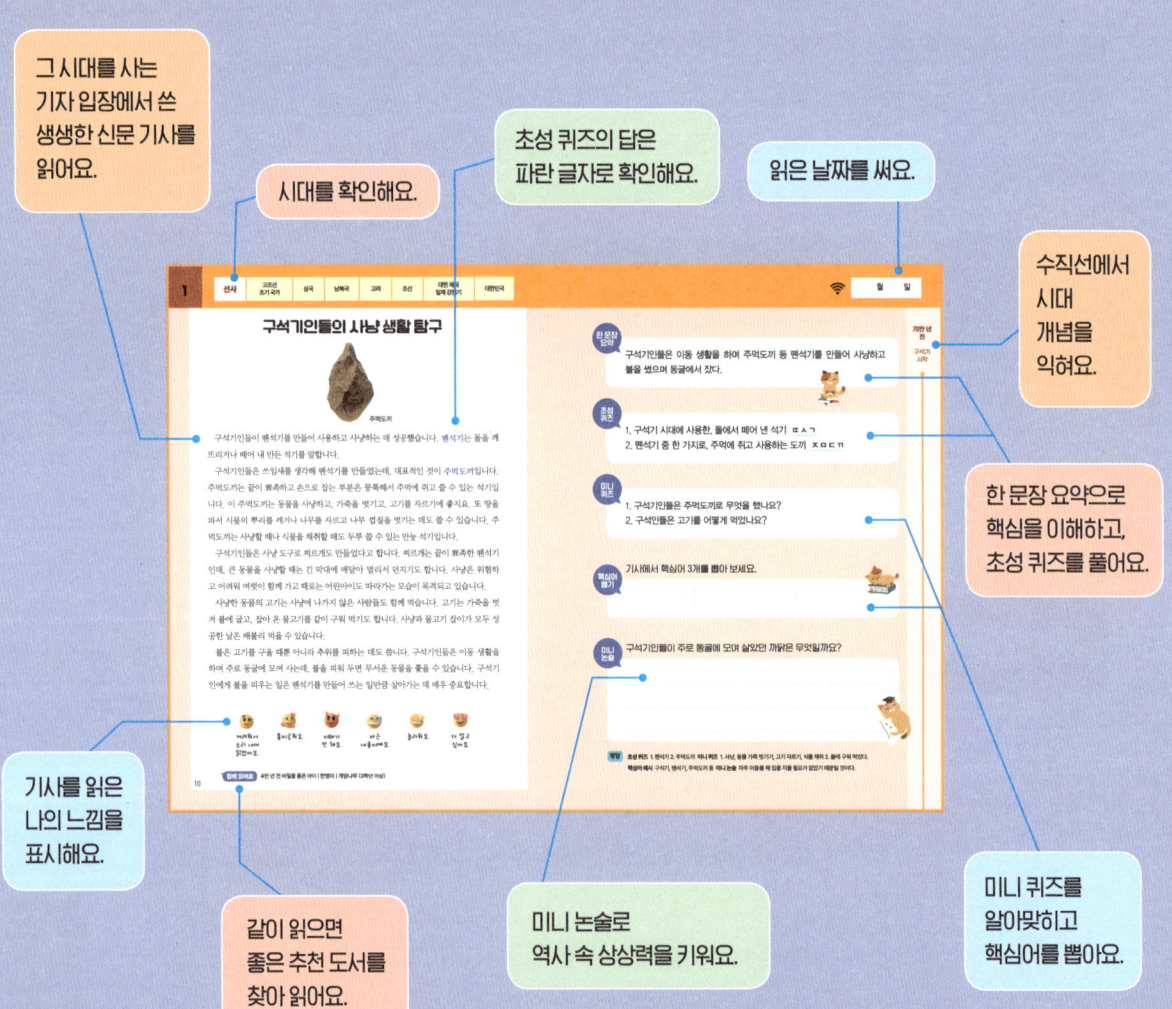

그 시대를 사는 기자 입장에서 쓴 생생한 신문 기사를 읽어요.

시대를 확인해요.

초성 퀴즈의 답은 파란 글자로 확인해요.

읽은 날짜를 써요.

수직선에서 시대 개념을 익혀요.

한 문장 요약으로 핵심을 이해하고, 초성 퀴즈를 풀어요.

기사를 읽은 나의 느낌을 표시해요.

같이 읽으면 좋은 추천 도서를 찾아 읽어요.

미니 논술로 역사 속 상상력을 키워요.

미니 퀴즈를 알아맞히고 핵심어를 뽑아요.

선사 ~ 초기 국가

선사 시대는 글자가 없고 사람들이 돌이나 뼈로 도구를 만들며 살던 시기예요. 고조선은 우리 민족이 처음 세운 나라고요.

고조선 이후에는 여러 작은 나라들이 생겨나서 서로 힘을 키우며 발전했지요. 이 시기는 기록보다는 전해 내려오는 이야기와 유물로 알 수 있어요.

우리 함께 머나먼 과거로 시간 여행을 해 볼까요? 이 시대를 취재한 기자들의 생생한 기사를 읽으면서 사람들이 어떻게 살았는지, 어떤 나라를 만들었는지 알아봐요.

역사의 시작을 함께 살펴보면서 우리나라의 뿌리에 대해 더 깊이 생각해 보면 좋겠어요.

| 1 | 선사 | 고조선 초기 국가 | 삼국 | 남북국 | 고려 | 조선 | 대한 제국 일제 강점기 | 대한민국 |

구석기인들의 사냥 생활 탐구

주먹도끼

 구석기인들이 뗀석기를 만들어 사용하고 사냥하는 데 성공했습니다. **뗀석기**는 돌을 깨뜨리거나 떼어 내 만든 석기를 말합니다.

 구석기인들은 쓰임새를 생각해 뗀석기를 만들었는데, 대표적인 것이 **주먹도끼**입니다. 주먹도끼는 끝이 뾰족하고 손으로 잡는 부분은 뭉툭해서 주먹에 쥐고 쓸 수 있는 석기입니다. 이 주먹도끼는 동물을 사냥하고, 가죽을 벗기고, 고기를 자르기에 좋지요. 또 땅을 파서 식물의 뿌리를 캐거나 나무를 자르고 나무 껍질을 벗기는 데도 쓸 수 있습니다. 주먹도끼는 사냥할 때나 식물을 채취할 때도 두루 쓸 수 있는 만능 석기입니다.

 구석기인들은 사냥 도구로 찌르개도 만들었다고 합니다. 찌르개는 끝이 뾰족한 뗀석기인데, 큰 동물을 사냥할 때는 긴 막대에 매달아 멀리서 던지기도 합니다. 사냥은 위험하고 어려워 여럿이 함께 가고 때로는 어린아이도 따라가는 모습이 목격되고 있습니다.

 사냥한 동물의 고기는 사냥에 나가지 않은 사람들도 함께 먹습니다. 고기는 가죽을 벗겨 불에 굽고, 잡아 온 물고기를 같이 구워 먹기도 합니다. 사냥과 물고기 잡이가 모두 성공한 날은 배불리 먹을 수 있습니다.

 불은 고기를 구울 때뿐 아니라 추위를 피하는 데도 씁니다. 구석기인들은 이동 생활을 하며 주로 동굴에 모여 사는데, 불을 피워 두면 무서운 동물을 쫓을 수 있습니다. 구석기인에게 불을 피우는 일은 뗀석기를 만들어 쓰는 일만큼 살아가는 데 매우 중요합니다.

어려워서 소리 내어 읽었어요.	흥미로워요.	이해가 안 돼요.	아는 내용이에요.	놀라워요.	더 알고 싶어요.

함께 읽어요 4만 년 전 비밀을 품은 아이 | 한영미 | 개암나무 (3학년 이상)

월 일

70만 년 전
구석기 시작

한 문장 요약
구석기인들은 이동 생활을 하며 주먹도끼 등 뗀석기를 만들어 사냥하고 불을 썼으며 동굴에서 잤다.

초성 퀴즈
1. 구석기 시대에 사용한, 돌에서 떼어 낸 석기 ㄸㅅㄱ
2. 뗀석기 중 한 가지로, 주먹에 쥐고 사용하는 도끼 ㅈㅁㄷㄲ

미니 퀴즈
1. 구석기인들은 주먹도끼로 무엇을 했나요?
2. 구석인들은 고기를 어떻게 먹었나요?

핵심어 뽑기
기사에서 핵심어 3개를 뽑아 보세요.

미니 논술
구석기인들이 주로 동굴에 모여 살았던 까닭은 무엇일까요?

정답 **초성 퀴즈** 1. 뗀석기 2. 주먹도끼 **미니 퀴즈** 1. 사냥, 동물 가죽 벗기기, 고기 자르기, 식물 채취 2. 불에 구워 먹었다.
핵심어 예시 구석기, 뗀석기, 주먹도끼 등 **미니 논술** 자주 이동을 해 집을 지을 필요가 없었기 때문일 것이다.

| 2 | 선사 | 고조선 초기 국가 | 삼국 | 남북국 | 고려 | 조선 | 대한 제국 일제 강점기 | 대한민국 |

신석기인들이 빗살무늬 토기를 만든 까닭은?

빗살무늬 토기

신석기인들이 **빗살무늬 토기**를 만들었습니다. 빗살무늬 토기는 길쭉하게 생긴 그릇으로, 겉면에 빗살무늬가 있습니다. 빗살무늬 덕분에 미술품처럼 보이기도 합니다. 신석기인들은 토기에 왜 빗살무늬를 새기고, 빗살무늬 토기로 무엇을 할까요?

빗살무늬 토기는 흙으로 빚어 불에 구워 완성합니다. 빗살무늬는 토기를 구울 때 깨지지 말라고 넣은 것이라고 합니다. 또 빗살무늬가 있으면, 토기를 잡을 때 손이 미끄러지는 걸 막을 수도 있다고 합니다.

빗살무늬 토기는 식량을 채집할 때 씁니다. 독특한 점은 토기의 아랫부분이 뾰족하다는 점입니다. 신석기인들은 주로 강가나 바닷가에 살며 채집 활동을 합니다. 이때 강가나 바닷가의 부드러운 땅에 꽂아 두기 좋게 아랫부분을 뾰족하게 만든 것이죠.

빗살무늬 토기를 만든 신석기인들은 **움집**에 살고 있습니다. 움집은 한 가족이 지낼 만한 크기로, 땅을 파 기둥을 세운 다음 짚이나 풀을 엮어 덮어 짓습니다. 움집 한가운데에는 내부를 따뜻하게 덥히거나 음식을 조리할 화덕을 둡니다.

신석기인들은 빗살무늬 토기를 화덕 주변에 두거나 화덕에 올려놓기도 합니다. 빗살무늬 토기에 식량을 저장해 두기도 하고, 곡식이나 물고기를 넣고 화덕에 올려 끓여 먹기도 하는 겁니다. 신석기인들은 빗살무늬 토기를 식량 채집, 저장, 조리를 하는 데 쓰고 있습니다.

어려워서 소리 내어 읽었어요.

 흥미로워요.

 이해가 안 돼요.

 아는 내용이에요.

 놀라워요.

 더 알고 싶어요.

함께 읽어요 신석기 마을의 봄, 여름, 가을, 겨울 | 나은희 | 천개의바람 (1학년 이상)

월 일

한 문장 요약
신석기인들은 빗살무늬 토기에 식량을 담아 저장하거나 조리했으며 움집을 지어 살았다.

1만 년 전
신석기 시작

초성 퀴즈
1. 빗살무늬가 새겨진 신석기 시대 토기 ㅂㅅㅁㄴ ㅌㄱ
2. 신석기인들이 지어 사는 집 ㅇㅈ

미니 퀴즈
1. 신석기인들은 빗살무늬 토기로 무엇을 했나요?
2. 빗살무늬 토기의 아랫부분이 뾰족한 까닭은 무엇인가요?

핵심어 뽑기
기사에서 핵심어 3개를 뽑아 보세요.

미니 논술
신석기인들은 왜 집을 짓고 살기 시작했을까요?

정답 **초성 퀴즈** 1. 빗살무늬 토기 2. 움집 **미니 퀴즈** 1. 식량을 채집하거나 저장하고 조리했다. 2. 땅에 꽂아 두기 위해서
핵심어 예시 신석기, 빗살무늬 토기, 움집 등 **미니 논술** 농사를 지으며 정착 생활을 시작해서 집을 짓고 살았다.

| 3 | 선사 | 고조선 초기 국가 | 삼국 | 남북국 | 고려 | 조선 | 대한 제국 일제 강점기 | 대한민국 |

세상을 바꾼 농사, 신석기 혁명

갈돌과 갈판

    신석기인들의 마을에 빗살무늬 토기에 이어 다양한 도구들이 새롭게 등장했습니다. **갈돌과 갈판**, 가락바퀴, 뼈바늘입니다.

    먼저 갈돌과 갈판입니다. 갈돌과 갈판은 돌로 만든 도구인데 곡식의 껍질을 벗기거나 갈 때 사용합니다. 갈돌과 갈판은 돌을 갈아 만든 석기이기 때문에 '간석기'라고 부릅니다. 돌에서 떼어 내 만들었다고 해서 '뗀석기'라고 이름 붙여진 구석기 시대의 석기와 다른 것입니다.

    간석기로 곡식의 껍질을 벗기고 간다는 것은 신석기인들이 농사를 짓기 시작했다는 것을 뜻합니다. 씨앗을 심으면 열매가 열린다는 것을 알게 된 것입니다. 신석기인들은 모여서 밭에서 조, 피, 수수 등의 곡식을 재배하고 있습니다. 그 옆에서는 가축도 기릅니다.

    신석기인들은 이제 구석기 시대처럼 떠돌아다니지 않고 한곳에 머물러 사는 정착 생활을 합니다. 이는 농사를 짓게 된 덕분입니다. 사냥과 채집만으로는 모자랐던 식량이 늘어나는 큰 변화가 생긴 것입니다. 그래서 이를 **신석기 혁명**이라고 합니다.

    신석기인들의 마을에는 가락바퀴와 뼈바늘도 등장했습니다. 가락바퀴는 흙, 돌 등으로 만들고, 뼈바늘은 뼈로 만든 것입니다. 신석기인들은 이것들을 옷감을 짜는 데 씁니다. 이로써 옷을 만들어 입는 시대가 열렸습니다. 신석기인들은 계속해서 새로운 도구를 만들며 살아가게 될 겁니다.

 어려워서 소리 내어 읽었어요. 흥미로워요. 이해가 안 돼요. 아는 내용이에요. 놀라워요. 더 알고 싶어요.

함께 읽어요 신석기 시대에서 온 그림 편지 | 김일옥 | 개암나무 (4학년 이상)

월   일

1만 년 전
신석기 혁명

한 문장 요약
신석기 시대에 농업으로 일어난 변화를 신석기 혁명이라고 하며, 신석기인은 정착 생활을 하며, 농사를 짓고 가축을 길렀다.

초성 퀴즈
1. 곡식의 껍질을 벗기거나 갈 때 사용한 도구   ㄱㄷ, ㄱㅍ
2. 농사를 짓게 된 것을 큰 변화로 여겨 붙인 말   ㅅㅅㄱ ㅎㅁ

미니 퀴즈
1. 가락바퀴와 뼈바늘은 무엇을 하는 데 쓴 도구인가요?
2. 간석기 사용, 정착 생활 외에 또 다른 변화는 무엇인가요?

핵심어 뽑기
기사에서 핵심어 3개를 뽑아 보세요.

미니 논술
정착 생활을 하면 무엇이 편리해질까요?

정답 **초성 퀴즈** 1. 갈돌, 갈판 2. 신석기 혁명 **미니 퀴즈** 1. 옷감을 짜는 데 쓰는 도구 2. 가축을 길렀다.
핵심어 예시 갈돌, 갈판, 신석기 혁명 등 **미니 논술** 이동하지 않아도 된다.

새로운 도구, 청동기가 생겨나다

청동 잔무늬 거울

　돌이 아닌 것으로 만든 도구가 새롭게 등장했습니다. 청동으로 만든 도구로, **청동기**라고 합니다.

　청동은 구리에 주석이나 아연을 섞어 만든 것입니다. 청동기는 불에 녹인 청동을 **거푸집**이라고 하는 틀에 부어 식혀서 만듭니다. 거푸집을 원하는 모양으로 만들면, 원하는 도구를 여러 개 얻을 수 있습니다. 대표적으로 청동검, 청동 방울, 청동 거울이 있습니다.

　청동기는 아무나 만들지 못한다고 합니다. 구리와 주석 등을 알맞게 섞어야 하고, 불에 녹인 청동을 거푸집에 부을 때도 주의를 기울여야 합니다. 솜씨가 아주 좋아야 청동기를 만들 수 있는 겁니다. 청동기는 이렇게 만들기 까다롭고, 재료도 귀한 터라 아무나 쓸 수 없습니다. 힘 있는 일부 사람만이 사용하지요. 주로 족장이나 지배층이 청동기를 쓰는 겁니다. 청동검은 무기로 쓰기도 하지만, 농사가 잘되길 바라며 제사를 지낼 때도 씁니다. 제사장을 겸한 족장은 청동검을 들고, 청동 방울을 흔들어 소리를 내고, 청동 거울로 빛을 반사해 자신의 힘을 과시합니다.

　청동기 시대가 열리긴 했지만, 농기구나 일상생활 도구는 여전히 석기를 사용합니다. 즉, 이제 사람들은 청동기를 갖거나 쓸 수 있는 힘이 있는 자와 그렇지 않은 자로 나뉘었습니다. 힘 있는 사람이 대부분의 힘없는 사람들을 다스리는 지배 관계가 생긴 것입니다. 기원전 2000~1500년! 청동기 시대에 생긴 사회 변화가 실로 놀랍습니다.

 어려워서 소리 내어 읽었어요.
 흥미로워요.
 이해가 안 돼요.
 아는 내용이에요.
 놀라워요.
 더 알고 싶어요.

함께 읽어요 청동기 시대를 간직한 바위 무덤 | 강효미 | 개암나무 (3학년 이상)

월   일

기원전 2000년 청동기 시작

한 문장 요약
기원전 2000~1500년경 청동기 기술이 발전했고, 청동기는 지배층의 도구가 되었다.

초성 퀴즈
1. 청동검, 청동 방울, 청동 거울 등 청동으로 만든 도구 ㅊㄷㄱ
2. 도구를 원하는 모양으로 만들어 내는 틀 ㄱㅍㅈ

미니 퀴즈
1. 청동기를 주로 지배층이 사용한 이유는 무엇인가요?
2. 청동기 시대에 어떤 변화가 생겼나요?

핵심어 뽑기
기사에서 핵심어 3개를 뽑아 보세요.

미니 논술
청동기 시대와 석기 시대의 가장 큰 차이점은 무엇일까요?

정답 **초성 퀴즈** 1. 청동기 2. 거푸집 **미니 퀴즈** 1. 만들기 까다롭고 재료도 귀해서 2. 사람들 사이에 지배 관계가 생겼다.
핵심어 예시 청동기, 거푸집, 청동 방울 등 **미니 논술** 돌이 아닌 청동으로 만든 새로운 도구를 사용하기 시작했다.

| 5 | 선사 | 고조선 초기 국가 | 삼국 | 남북국 | 고려 | 조선 | 대한 제국 일제 강점기 | 대한민국 |

거대한 무덤, 고인돌의 주인은 누굴까?

고인돌

　놀라운 소식입니다. 거대한 돌이 탁자 모양으로 세워져 있다고 합니다. 두 개의 돌 위에 크고 넙적한 돌을 하나 얹어 놓은 것인데, **고인돌**이라고 합니다. 고인돌은 '고여 놓은 돌'이라는 뜻으로, 청동기 시대의 대표적인 무덤입니다.

　청동기인들은 농사를 지어 수확한 만큼의 곡식을 가졌습니다. 각자 재산을 가질 수 있게 된 겁니다. 당연히 힘이 세고 지혜로운 사람들이 더 많은 재산을 가지게 되었고, 그들이 지배층으로 성장했습니다. 그리고 이렇게 재산과 힘을 가진 사람이 마을이나 부족을 다스리는 지배자인 **족장**이 됐습니다. 이 지배자가 바로 거대한 무덤인 고인돌의 주인입니다.

　고인돌은 수십 명의 사람들을 동원해야 만들 수 있습니다. 둥근 통나무들을 바닥에 늘어놓고 거대한 돌들을 그 위에 얹어 굴리는 방법으로 옮깁니다. 그런 다음 받침돌 역할을 할 두 개의 돌을 땅속에 푹 들어가게 세웁니다. 그리고 그 위에 넙적한 덮개돌을 얹어 완성합니다. 이런 탁자 모양의 고인돌은 만주와 한강 북쪽에 많습니다. 한강 남쪽에는 여러 개의 받침돌 위에 덮개돌을 얹어 바둑판 모양으로 만든 고인돌이 많다고 합니다.

　고인돌에서는 청동검, 청동 거울 등이 발견되기도 합니다. 고인돌이 지배자의 무덤이라는 사실을 알려 주는 증거입니다. 지배자들은 자신의 힘을 보여 주기 위해 이렇게 큰 무덤을 만들었다고 합니다.

어려워서 소리 내어 읽었어요. 　흥미로워요. 　이해가 안 돼요. 　아는 내용이에요. 　놀라워요. 　더 알고 싶어요.

함께 읽어요 고인돌 | 이미애 | 웅진주니어 (1학년 이상)

월 일

한 문장 요약

청동기 시대에 세워진 고인돌은 지배자의 거대한 무덤으로, 고인돌의 규모와 청동기 유물들은 지배자의 힘을 나타내기도 한다.

초성 퀴즈

1. 청동기 시대 지배자의 무덤　ㄱㅇㄷ
2. 청동기 시대에 마을이나 부족을 다스렸던 지배자　ㅈㅈ

미니 퀴즈

1. 고인돌을 지배자의 무덤이라고 생각하는 이유는 무엇인가요?
2. 고인돌에서 발견된 유물은 무엇인가요?

핵심어 뽑기

기사에서 핵심어 3개를 뽑아 보세요.

미니 논술

고인돌을 만든 사람들에게서 배울 수 있는 점은 무엇일까요?

기원전 2000년 ~1500년

청동기

정답 **초성 퀴즈** 1. 고인돌 2. 족장　**미니 퀴즈** 1. 무덤이 큰 것으로 보아 많은 사람들을 동원했을 거라서 2. 청동검, 청동 거울 등　**핵심어 예시** 고인돌, 족장, 청동기 등　**미니 논술** 고인돌을 만든 사람들의 협동심과 기술, 조상을 기리는 마음을 배울 수 있다.

벼농사가 널리 퍼지기 시작하다

반달 돌칼

   한반도 남쪽에서 **벼농사**를 짓는 청동기인들이 늘어나고 있습니다. 벼농사는 말 그대로 벼를 재배하는 농사입니다.

   벼가 맺는 열매인 쌀은 영양가가 높은 곡식입니다. 그런데 이 쌀을 얻기 위한 농사가 쉽지 않다고 합니다. 일단 땅이 기름지고 좋아야 하고, 비의 양과 기온도 적당해야 합니다. 청동기인들이 이 어려운 벼농사를 성공했다는 것은 농사 기술이 그만큼 발달했다는 것을 보여 줍니다.

   벼농사를 짓다 보니 새로운 도구가 필요해졌습니다. 대표적으로 벼가 다 익었을 때 이삭을 잘라 낼 수 있는 도구입니다. 청동기인들은 반달 모양으로 된 간석기인 **반달 돌칼**을 새로 만들었습니다. 반달 돌칼은 이삭을 자를 날 부분은 날카롭게 갈고, 손으로 잡을 부분은 약간 휘거나 반듯하게 다듬어 만들었습니다. 가운데 부분에 뚫은 두 개의 구멍에 끈을 꿰어 사용하는데, 덕분에 편하게 반달 돌칼을 잡고 일할 수 있습니다.

   청동기인들은 반달 돌칼뿐 아니라 돌괭이와 돌낫도 사용합니다. 돌괭이는 흙을 고를 때, 돌낫은 벼를 자를 때 쓰는 도구입니다. 벼농사를 짓는 청동기인들은 농사 도구가 많아져 편리하다고 입을 모아 말하고 있습니다.

   청동기 시대라 청동으로 만든 도구와 무기들이 생겼지만, 아직까지는 돌로 만든 도구를 많이 쓰고 있다는 것을 알 수 있습니다.

 어려워서 소리 내어 읽었어요.
 흥미로워요.
 이해가 안 돼요.
 아는 내용이에요.
 놀라워요.
 더 알고 싶어요.

함께 읽어요 선사 시대 제물이 된 찬이 | 최형미 | 키큰도토리 (4학년 이상)

월 일

한 문장 요약
청동기 시대에는 한반도 남쪽에 벼농사가 널리 퍼졌고, 반달 돌칼, 돌괭이, 돌낫 등 새로운 농기구를 만들어 사용했다.

기원전 1000년
벼농사 보급

초성 퀴즈
1. 청동기 시대에 새롭게 등장한 농사   ㅂㄴㅅ
2. 벼 이삭을 자르는 데 사용한 도구   ㅂㄷ ㄷㅋ

미니 퀴즈
1. 벼농사를 했다는 것을 보고 알 수 있는 사실은 무엇인가요?
2. 반달 돌칼 외 어떤 농기구를 사용했나요?

핵심어 뽑기
기사에서 핵심어 3개를 뽑아 보세요.

미니 논술
청동기 시대에 시작된 벼농사는 사회에 어떤 변화를 가져왔을까요?

정답 **초성 퀴즈** 1. 벼농사 2. 반달 돌칼 **미니 퀴즈** 1. 농사 기술이 발달했다. 2. 돌괭이와 돌낫
핵심어 예시 벼농사, 반달 돌칼, 돌괭이 등 **미니 논술** 식량이 남으면서 빈부 격차가 생기고, 계층이 나뉘기 시작했다.

드디어 한반도의 첫 나라 건국

단군 신화를 그림으로 표현한 단군도

우리 한반도에 처음으로 나라가 세워졌습니다. **단군왕검**이라는 인물이 아사달에 수도를 정하고 고조선을 세웠다고 합니다. 그런데 사실이라고 믿을 수 없는 이야기가 함께 전해지고 있습니다.

단군왕검의 아버지는 **환웅**이라고 합니다. 환웅은 곰에서 사람이 된 웅녀와 결혼했고 그 사이에서 단군이 태어났습니다. 어떻게 곰이 사람이 되었는지 궁금해하는 사람이 많습니다. 호랑이와 곰이 어느 날 사람이 되고 싶다고 환웅을 찾아왔는데, 환웅은 이들에게 100일 동안 마늘과 쑥만 먹으면 된다고 알려 주었다고 합니다. 곰은 그걸 견뎌 내어 사람이 되었고 환웅과 결혼할 수 있었습니다.

환웅은 하늘을 다스리는 환인의 아들로, 인간 세상을 다스리고 싶어 했습니다. 환인은 아들의 뜻을 받아 주며, 세 명의 신하를 데려가게 해 주었습니다. 세 명의 신하는 바람을 다스리는 풍백, 비를 다스리는 우사, 구름을 다스리는 운사입니다. 환웅은 세 신하와 무리 3천 명을 거느리고 태백산 신단수에 내려왔습니다. 이후 인간의 목숨, 질병, 형벌, 곡식 등 여러 가지 일들을 맡아 세상을 다스렸습니다. 그리고 웅녀와 결혼해 아들을 낳았습니다. 그 아들이 바로 고조선을 세운 단군왕검입니다.

지금까지 한반도 최초의 나라 고조선이 세워졌다는 놀라운 소식을 전해 드렸습니다. 과연 이 나라는 어떤 나라가 될지 관심이 모아지고 있습니다.

 어려워서 소리 내어 읽었어요.
 흥미로워요.
 이해가 안 돼요.
 아는 내용이에요.
 놀라워요.
 더 알고 싶어요.

함께 읽어요 곰의 아이들 | 류화선 | 문학동네 (5학년 이상)

월 일

한 문장 요약
환웅은 곰에서 사람으로 변한 웅녀와 결혼해 아들을 낳았는데, 그 아들이 한반도의 첫 나라 고조선을 세운 단군왕검이다.

기원전 2333년
고조선 건국

초성 퀴즈
1. 고조선을 건국한 사람 ㄷㄱㅇㄱ
2. 단군의 아버지 ㅎㅇ

미니 퀴즈
1. 환웅은 왜 인간 세상에 내려오고 싶어 했나요?
2. 환인은 인간 세상에 내려가는 환웅에게 누구를 데려가게 해 주었나요?

핵심어 뽑기
기사에서 핵심어 3개를 뽑아 보세요.

미니 논술
환인이 바람, 비, 구름을 다스리는 신하를 함께 보낸 까닭은 무엇일까요?

정답 초성 퀴즈 1. 단군왕검 2. 환웅 미니 퀴즈 1. 인간 세상을 다스리고 싶어서 2. 풍백, 우사, 운사와 무리 3천 명
핵심어 예시 단군왕검, 고조선, 환웅 등 미니 논술 농사짓는 데 도움이 되게 하려고 세 신하를 보냈다.

고조선, 법이 생기다

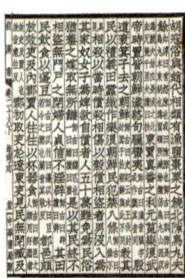

고조선의 팔조법에 대해 기록한 '한서'

한반도의 첫 나라 고조선의 건국과 운영에 사람들의 관심이 모이고 있습니다. 우선 사람들이 모여 사는 곳이다 보니 법이 생겼다고 합니다. 이름은 **팔조법**입니다.

팔조법은 여덟 개의 조항으로 된 법인데, 이 중 세 조항을 알아보겠습니다. 첫 번째는 사람을 죽인 자는 즉시 사형에 처한다는 조항이며, 두 번째는 남의 몸을 다치게 한 자는 곡식으로 갚는다는 조항입니다. 마지막 세 번째는 남의 물건을 도둑질한 자는 **노비**로 삼으며 죄를 면하려면 50만 전을 내야 한다는 조항입니다.

사람들은 법으로 정한 형벌이 너무 무겁다고 말합니다. 하지만 한 전문가는 형벌이 무겁다는 사실보다 왜 그런 법을 만들었는지 아는 게 더 중요하다고 말합니다.

전문가는 팔조법을 통해 고조선 사회의 특징을 알 수 있다고 이야기합니다. 첫 번째 조항에서는 사람의 생명을 중요하게 여긴다는 것을 알 수 있습니다. 두 번째 조항의 소나 물고기가 아닌 곡식으로 갚게 한다는 부분에서는 고조선이 농업 국가임을 알 수 있습니다. 다치면 농사를 못 지으니 곡식으로 물게 한 겁니다. 세 번째 조항에서는 개인의 재산을 인정하고 보호한다는 것을 알 수 있습니다. 노비로 삼는다는 부분에서는 신분이 있는 사회라는 것, 50만 전을 내야 한다는 부분에서는 화폐를 사용한다는 것도 알 수 있습니다.

미래 기자의 말에 따르면, 팔조법은 중국의 오래된 역사책인 '한서'를 통해 알려졌습니다. 그런데 세 조항만 기록되어 있고 나머지 조항들은 전해지지 않는다고 합니다.

 어려워서 소리 내어 읽었어요.
 흥미로워요.
 이해가 안 돼요.
 아는 내용이에요.
 놀라워요.
 더 알고 싶어요.

함께 읽어요 맨 처음 우리나라 고조선 | 이현 | 휴먼어린이 (1학년 이상)

월   일

한 문장 요약
고조선에는 팔조법이 있었는데, 여덟 개 조항 중 세 개가 전해지고 있으며, 이 법 조항들을 통해 고조선 사회의 모습을 알 수 있다.

초성 퀴즈
1. 고조선 최초의 법 ㅍㅈㅂ
2. 팔조법 조항 중 하나로, 도둑질을 한 자는 '이것'으로 삼는다. ㄴㅂ

미니 퀴즈
1. 팔조법에서는 남을 다치게 한 자에게 어떤 형벌을 내렸나요?
2. 노비로 삼는다는 조항은 고조선 사회의 어떤 특징을 보여 주나요?

핵심어 뽑기
기사에서 핵심어 3개를 뽑아 보세요.

미니 논술
고조선의 법이 이렇게 엄격했던 이유는 무엇일까요?

정답 **초성 퀴즈** 1. 팔조법 2. 노비 **미니 퀴즈** 1. 곡식으로 갚는다. 2. 신분이 있는 사회라는 특징
핵심어 예시 고조선, 팔조법, 사형 등 **미니 논술** 백성들이 형벌을 두려워해 법을 잘 지키도록 만듦으로써 사회 질서를 유지하기 위해서다.

기원전 2333년~108년
고조선

고조선, 청동기에서 철기 문화로

비파형 동검과 세형 동검

요즘 고조선에서 유행하는 칼이 있습니다. 바로 **비파형 동검**과 **세형 동검**입니다.

비파형 동검은 악기인 비파의 모양을 닮아 붙여진 이름입니다. 세형 동검은 비파형 동검보다 날의 폭이 좁고 가늘기 때문에 붙여진 이름입니다. 미래 기자의 말에 따르면, 세형 동검은 청천강 남쪽에서 주로 발견되고, 한반도 전체에서 쓰였다고 해서 한국식 동검이라고 불린다고 합니다.

비파형 동검과 세형 동검은 모두 청동으로 만든 무기입니다. 그런데 고조선에 청동 무기가 아닌 새로운 무기도 나오고 있습니다. 바로 철로 만든 무기입니다. 본래 청동기는 무기로 잘 사용하지 않았습니다. 만들기도 까다롭고 튼튼하지 않았기 때문입니다. 그래서 청동보다 더 단단하고, 날을 날카롭게 만들 수 있는 재료인 철을 들여와 무기를 만들고 있는 겁니다. 철은 청동보다 구하기 쉽습니다. 그래서 무기뿐 아니라 괭이, 따비 등의 농기구도 이제 철로 만든다고 합니다. 철제 농기구를 쓰면 땅을 일구기가 쉬워 곡식을 더 많이 거둘 수 있을 것으로 많은 사람들이 기대하고 있습니다.

철로 만든 도구와 무기는 단단해서 점점 더 많이 사용하고 있습니다. 하지만 한편에서는 철기의 등장으로 부족 간의 전쟁이 더 심해질까 봐 걱정합니다. 아니나 다를까 철제 무기를 이용해 힘을 키운 부족들이 다른 부족을 정복해 새로운 나라를 세우고 있습니다. 철제 무기로 싸우는 정복 전쟁들이 어떤 변화를 가져올지 궁금해집니다.

 어려워서 소리 내어 읽었어요.
 흥미로워요.
 이해가 안 돼요.
 아는 내용이에요.
 놀라워요.
 더 알고 싶어요.

함께 읽어요 고조선 소년 우지기, 철기 공방을 지켜라 | 송호정, 김남중 | 사계절 (4학년 이상)

월 일

한 문장 요약
고조선에서 비파형 동검과 세형 동검이 유행하고, 철로 만든 무기가 등장하며 전쟁이 늘어나고 있다.

초성 퀴즈
1. 비파 모양을 닮은 고조선 동검 ㅂㅍㅎ ㄷㄱ
2. 한국식 동검이라고 불리는, 날의 폭이 좁고 가는 동검 ㅅㅎ ㄷㄱ

미니 퀴즈
1. 철로 무기 말고 무엇을 또 만들어 썼나요?
2. 철제 무기의 등장으로 어떤 변화가 생겼나요?

핵심어 뽑기
기사에서 핵심어 3개를 뽑아 보세요.

미니 논술
철로 농기구를 만들어 사용하면서 어떤 변화가 생겼을까요?

기원전 500년경

철기 문화 보급

정답 **초성 퀴즈** 1. 비파형 동검 2. 세형 동검 **미니 퀴즈** 1. 괭이, 따비 등의 농기구 2. 다른 부족을 정복해 힘을 키우는 부족이 생겼다.
핵심어 예시 비파형 동검, 세형 동검, 철기 등 **미니 논술** 농사 기술이 발달하고 생산량이 많아졌다.

위만, 준왕을 몰아내고 고조선 왕이 되다

고조선의 영역

고조선에 충격적인 일이 일어났습니다. 바로 **위만**이라는 사람이 나타나 준왕을 몰아낸 사건이 일어난 것입니다.

위만은 원래 연나라의 장수라고 알려져 있습니다. 연나라는 고조선과 이웃하여 있는 나라입니다. 위만은 연나라가 어지러운 상황이 되자 고조선으로 왔다고 합니다. 이때 무려 1,000여 명의 사람들을 데리고 왔습니다. 처음에는 고조선의 왕 준왕에게 충성할 듯한 태도로 받아 달라고 부탁했다고 합니다. 그래서 준왕도 별다른 의심 없이 위만을 받아 주었습니다. 그뿐 아니라 장수인 위만의 능력을 인정해, 나라의 일을 맡아 하는 자리인 관직을 주고 고조선의 국경 서쪽을 지키도록 했습니다.

문제는 위만이 국경을 지키는 관직에 있는 데 만족하지 않았다는 것입니다. 위만은 준왕 몰래 힘을 키워 갔습니다. 결국 기원전 194년 준왕을 몰아내고 고조선의 왕 자리를 차지했습니다. 그래서 이때부터의 고조선을 **위만 조선**이라고 부르기도 합니다.

쫓겨난 준왕은 다른 신하들과 남쪽으로 가서 다시 왕이 되었다고 합니다. 하지만 준왕이 남쪽 어디로 갔는지는 정확히 알려지지 않고 있습니다.

백성들의 반응은 심상치 않습니다. 연에서 온 위만에게 고조선의 왕이 쫓겨나게 된 것에 황당해하고 있습니다. 또 새로운 왕을 따르는 게 맞는지 헷갈리는 백성들도 있다고 합니다. 앞으로 위만이 고조선을 어떻게 이끌어 갈지 백성들이 지켜보고 있습니다.

 어려워서 소리 내어 읽었어요.   흥미로워요.   이해가 안 돼요.   아는 내용이에요.   놀라워요.   더 알고 싶어요.

함께 읽어요 고조선을 왜 비파형 동검의 나라라고 하나요? | 송호정 | 다섯수레 (5학년 이상)

| 월 | 일 |

한 문장 요약
연의 장수였던 위만이 준왕을 몰아내고 고조선의 왕이 된 이때부터를 위만 조선이라고 한다.

기원전 194년

위만 조선 시작

초성 퀴즈
1. 준왕을 몰아내고 왕이 된 사람 ㅇㅁ
2. 위만이 왕이 된 이후부터의 고조선을 이르는 말 ㅇㅁ ㅈㅅ

미니 퀴즈
1. 준왕이 위만을 받아 준 까닭은 무엇인가요?
2. 쫓겨난 준왕은 어떻게 되었나요?

핵심어 뽑기
기사에서 핵심어 3개를 뽑아 보세요.

미니 논술
고조선의 백성들은 연에서 온 위만이 왕이 되자, 어떤 생각을 했을까요?

정답 **초성 퀴즈** 1. 위만 2. 위만 조선 **미니 퀴즈** 1. 충성할 것처럼 행동해서 2. 다른 신하들과 남쪽으로 가서 다시 왕이 되었다.
핵심어 예시 위만, 준왕, 위만 조선 등 **미니 논술** 우리 왕이 아니라며 거부감을 가졌을 것 같다.

고조선, 한의 공격으로 무너지다

고조선과 한의 전쟁

고조선의 왕이 된 위만은 그의 손자인 **우거왕**에게 왕위를 물려주었습니다. 그런데 안타깝게도 중국 대륙의 나라인 한의 공격으로 고조선이 무너졌다는 소식입니다.

위만이 왕이 된 후 고조선은 처음에는 안정되는 모습을 보였습니다. 한나라의 철기 문화를 받아들여 농업을 발달시켰습니다. 또 철제 무기로 다른 나라를 공격해 땅을 넓혀 갔습니다. 이렇게 발전된 나라를 위만의 손자 우거왕이 이어받았습니다.

이즈음 중국 대륙에서 한나라는 주변 나라들을 정복해 힘을 키웠습니다. 한은 한반도 남쪽에 있는 작은 나라인 진과 무역을 했습니다. 두 나라는 무역을 하기 위해선 반드시 고조선의 땅을 거쳐야 했습니다. 고조선은 진에서 사들인 물건을 그대로 한에 팔면서 이익을 남겼지요. 이것을 중계 무역이라고 합니다. 한의 왕 **무제**는 이런 고조선이 못마땅했습니다. 결국 한은 고조선을 공격했습니다.

고조선은 처음에는 바다와 육지 양쪽에서 밀고 들어오는 한의 군대에 잘 맞섰습니다. 하지만 전쟁은 무려 1년 넘게 계속되었습니다. 고조선은 점점 힘을 잃어 갔습니다. 나라 안에서는 한과 계속 싸울지 그만 화해할지를 두고 다툼까지 일어났습니다.

게다가 한은 우거왕의 아들을 꼬드겨서 성기 장군을 죽음으로 몰았습니다. 성기는 고조선을 마지막까지 지키려고 했던 장군이기에 더욱 안타까운 일이었습니다. 고조선은 끝내 무너지고 말았습니다. 이 충격적인 소식에 백성들은 망연자실해 있습니다.

어려워서 소리 내어 읽었어요. 흥미로워요. 이해가 안 돼요. 아는 내용이에요. 놀라워요. 더 알고 싶어요.

함께 읽어요 고조선, 우리 역사의 시작 | 김일옥 | 개암나무 (4학년 이상)

월 일

한 문장 요약
고조선은 중국의 한에게 공격을 받아 1년 넘도록 전쟁을 치른 끝에 결국 멸망했다.

기원전 108년
고조선 멸망

초성 퀴즈
1. 위만의 손자이자 고조선의 마지막 왕 ㅇㄱㅇ
2. 고조선을 공격해서 멸망시킨 한의 왕 ㅁㅈ

미니 퀴즈
1. 한이 고조선을 공격한 까닭은 무엇인가요?
2. 마지막까지 고조선을 지키려고 했던 장군은 누구인가요?

핵심어 뽑기
기사에서 핵심어 3개를 뽑아 보세요.

미니 논술
한의 꼬드김에 넘어간 우거왕 아들의 행동을 비판해 보세요.

정답 **초성 퀴즈** 1. 우거왕 2. 무제 **미니 퀴즈** 1. 고조선이 중계 무역으로 이익을 얻는 것이 못마땅해서 2. 성기 장군
핵심어 예시 우거왕, 무제, 성기 등 **미니 논술** 나라를 지키려는 사람을 없애는 것은 나라를 파는 것과 같은 행동으로 옳지 못하다.

| 선사 | **고조선 초기 국가** | 삼국 | 남북국 | 고려 | 조선 | 대한 제국 일제 강점기 | 대한민국 |

민며느리제 풍습이 유명한 나라가 있다고?

여러 나라의 등장

　만주와 한반도에 여러 나라들이 새롭게 등장했습니다. 바로 **부여**, **옥저**, **동예** 등입니다. 이들 나라는 모두 철기 문화를 바탕으로 하고 있습니다.

　부여는 가축을 많이 기른다고 합니다. 특히 만주 벌판에서 기르는 말로 유명하고, 말을 잘 타는 사람들도 많습니다. 농사가 끝나고 사냥이 시작되는 음력 12월에는 영고라는 제천 행사를 합니다. 추수를 감사하고 사냥이 잘되기를 바라며 하늘에 제사를 지낸 뒤, 며칠 동안 축제를 즐깁니다. 또, 부여는 고조선처럼 법이 매우 엄격합니다. 도둑질한 자는 훔친 물건의 열두 배를 물어 주어야 한다고 합니다.

　옥저는 민며느리제라는 독특한 풍습이 있습니다. 옥저의 여자들은 열 살이 되면 약혼을 하고 신랑이 될 남자 집에 가서 삽니다. 그러다 어른이 되면 친정에 와 혼례를 치른 뒤 신랑의 집으로 돌아갑니다. 딸이 없는 집에서 여자의 노동력이 필요해 이런 풍습이 생겼다고 하지요. 옥저는 동해안에서 나는 해산물도 유명하다고 합니다.

　동예는 산간 지대에서 타는 작은 말인 과하마와 바다표범의 가죽인 반어피가 유명합니다. 동예는 산과 산을 경계로 마을이 나뉘는데, 이 경계를 중요하게 여깁니다. 다른 마을 사람이 경계를 넘으면 벌로 소나 말을 물게 합니다. 이 풍습을 책화라고 하지요. 동예는 10월에 무천이라는 제천 행사를 합니다. 무천은 춤으로 하늘에 제사를 지낸다는 뜻으로, 밤낮으로 춤추며 논다고 합니다.

 어려워서 소리 내어 읽었어요.
 흥미로워요.
 이해가 안 돼요.
 아는 내용이에요.
 놀라워요.
 더 알고 싶어요.

함께 읽어요 왜 역사 제대로 모르면 안 되나요?: 선사 시대·고조선 | 정유리 | 참돌어린이 (4학년 이상)

| 월 | 일 |

한 문장 요약
철기 문화를 바탕으로 만주와 한반도에 부여, 옥저, 동예 등 새로운 나라가 생겼다.

기원전 200년경 ~100년 경
철기 문화 확산

초성 퀴즈
1. 영고와 무천이라는 제천 행사를 했던 두 나라   ㅂㅇ, ㄷㅇ
2. 민며느리제 풍습이 있었던 나라   ㅇㅈ

미니 퀴즈
1. 옥저가 민며느리제를 시행한 이유는 무엇인가요?
2. 동예의 제천 행사인 무천은 어떤 행사인가요?

핵심어 뽑기
기사에서 핵심어 3개를 뽑아 보세요.

미니 논술
책화라는 풍습을 통해 알 수 있는 동예의 특징은 무엇인가요?

정답 **초성 퀴즈** 1. 부여, 동예 2. 옥저 **미니 퀴즈** 1. 여자의 노동력이 필요해서 2. 춤으로 제사를 지내는 행사였다.
핵심어 예시 부여, 옥저, 동예 등 **미니 논술** 동예 사람들이 마을의 경계를 중요하게 여기고, 서로의 생활 터전을 침범하지 않는 것을 중요하게 생각했다.

남쪽에 세 나라 삼한이 등장하다

단오제

고조선이 멸망할 무렵 등장한 나라는 부여, 고구려, 옥저, 동예 말고도 더 있습니다. 삼한이라고 불리는 세 개의 나라입니다.

고조선이 한창 힘을 떨칠 무렵 한반도 남쪽에는 '진'이라는 나라가 있었습니다. 진은 **마한**, **진한**, **변한**, 세 나라로 나뉘어 각각 성장했고, 이 나라들을 묶어 삼한이라고 합니다. 모두 '한'이라는 글자가 들어가고 세 개의 나라여서 그렇게 부릅니다.

삼한이 있는 곳은 미래의 충청도, 전라도, 경상도에 속한 지역입니다. 이곳은 땅이 기름져 농사가 발달하기 좋습니다. 기후 또한 농사짓기에 알맞습니다. 농사가 잘되다 보니 하늘에 제사를 지내는 제천 행사도 두 번 합니다. 미래 기자의 말에 따르면, 이 제천 행사들이 각각 단오와 추석으로 이어졌다고 합니다.

또한 삼한의 사람들은 철로 농기구를 튼튼하게 만들 수 있고, 농사에 필요한 물을 저장하는 저수지도 만들고 있습니다. 기름진 땅과 알맞은 기후, 사람들의 노력까지 곁들여져 삼한에서는 벼농사가 더 발달하고 있습니다.

농업뿐 아니라 소, 말, 양, 돼지 등의 가축을 기르는 목축, 물고기 등 수산물을 잡아 파는 어업도 발달하고 있습니다. 세 나라 중 변한은 특히 **철**이 많이 나옵니다. 그래서 철을 다른 나라에 팔기도 합니다. 이웃 나라 왜까지 수출한다고 합니다.

 어려워서 소리 내어 읽었어요.
 흥미로워요.
 이해가 안 돼요.
 아는 내용이에요.
 놀라워요.
 더 알고 싶어요.

함께 읽어요 고래 233마리 | 곽재식 | 주니어김영사 (4학년 이상)

월 일

한 문장 요약
마한, 진한, 변한, 세 나라가 한반도 남쪽에 있었는데, 모두 기름진 땅에 위치해 있어 농사가 발달했다.

기원전 100년경

삼한 성립

초성 퀴즈
1. 삼한이라 부르는 세 나라 ㅁㅎ, ㅈㅎ, ㅂㅎ
2. 변한에 많이 나서 다른 나라에 수출까지 한 것 ㅊ

미니 퀴즈
1. 삼한에서 농사가 발달한 이유는 무엇인가요?
2. 삼한은 농사 외 어떤 것을 했나요?

핵심어 뽑기
기사에서 핵심어 3개를 뽑아 보세요.

미니 논술
철이 많이 있는 변한은 어떤 점에서 좋았을까요?

정답 **초성 퀴즈** 1. 마한, 진한, 변한 2. 철 **미니 퀴즈** 1. 기름진 땅과 알맞은 기후, 철제 농기구 사용과 저수지 건설을 해서 2. 목축, 어업 **핵심어 예시** 마한, 진한, 변한 등 **미니 논술** 철을 수출하여 경제를 성장시키기에 좋을 것이다.

선사 ~ 초기 국가 박물관

주먹도끼
구석기 시대에 돌을 깨뜨려 만든 뗀석기예요. 사냥하거나 고기를 자르는 데 썼어요.

빗살무늬 토기
신석기 시대의 토기로, 곡식을 저장하거나 음식을 조리하는 데 썼어요.

갈돌과 갈판
신석기 시대에 곡식을 빻거나 가루로 만들 때 쓴 도구예요.

청동 잔무늬 거울
청동기 시대에 쓴 청동으로 만든 거울로, 뒷면에 잔잔한 무늬가 새겨져 있어요.

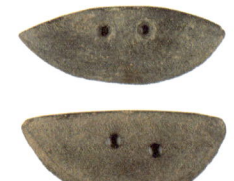

반달 돌칼
청동기 시대에 만든 간석기로, 곡식의 이삭을 베는 데 썼어요.

비파형 동검, 세형 동검
청동기 시대의 칼로, 지배자가 권위를 과시하기 위한 용도로 썼어요.

삼국 ~ 남북국

삼국과 남북국 시대는 나라들끼리 경쟁하며 힘을 키우던 시기예요. 고구려, 백제, 신라, 세 나라는 서로 전쟁을 하기도 하고, 문화와 기술을 주고받기도 하며 발전했어요.
이후 신라가 삼국을 통일했고 북쪽에는 발해가 세워졌어요. 남쪽에는 통일 신라, 북쪽에는 발해가 있다 해서 이때를 남북국 시대라고 해요. 이 시기는 불교, 과학, 예술이 크게 발전했고, 많은 문화유산을 남겼어요.
삼국·남북국 시대를 취재한 기사를 읽으며 우리 조상들의 생각과 노력에 대해 알아보기로 해요.

알에서 태어난 사람들이 있다고?

김해 구지봉

알에서 태어난 사람들이 있다는 놀라운 소식입니다. **박혁거세**, **주몽**, 김수로입니다. 이들의 탄생에 대한 신비로운 이야기를 알아보겠습니다.

어느 날, 진한 경주 지방의 나정이라는 우물가에서 알이 발견되었습니다. 알에서 나온 것은 놀랍게도 남자아이였습니다. 이곳 사람들은 이 아이를 키워 자신들의 지도자로 삼기로 했습니다. 박처럼 생긴 알에서 나와서 성을 '박'으로 했고, 세상을 밝혀 준다는 뜻으로 이름을 '혁거세'라고 지었다고 합니다.

만주의 두만강 근처에 있는 동부여에서도 알에서 사람이 태어났습니다. 동부여의 왕 금와왕은 강가에서 만난 유화라는 여인을 궁으로 데려왔습니다. 유화는 이때 하늘신의 아들인 해모수의 아이를 임신하고 있었다고 합니다. 그런데 유화가 사람이 아닌 알을 낳았습니다. 그 알에서 남자아이가 나왔고, 나중에 그 아이의 이름을 주몽이라고 지었습니다.

변한 지역의 김해에서는 궤짝에서 알이 무려 여섯 개나 발견되었습니다. 구지봉이라는 곳에서 아홉 추장과 백성들이 노래를 부르며 춤을 추자, 하늘에서 번쩍거리는 금빛 궤짝이 내려왔다고 합니다. 궤짝 안에는 황금알 여섯 개가 있었는데, 다음 날 알에서 아이가 한 명씩 나왔습니다. 사람들은 그중 처음 태어난 아이의 이름을 으뜸으로 태어났다는 뜻으로 김수로라고 했습니다.

이 놀랍고 신비로운 사건 다음에는 또 어떤 일이 벌어질지 관심이 쏠리고 있습니다.

 어려워서 소리 내어 읽었어요.

 흥미로워요.

 이해가 안 돼요.

 아는 내용이에요.

 놀라워요.

 더 알고 싶어요.

함께 읽어요 우르르 쾅쾅 하늘이 열린 날 | 김태호 | 스푼북 (4학년 이상)

월   일

한 문장 요약
경주에서 박혁거세, 동부여에서 주몽, 김해에서 김수로가 알에서 태어났다는 신비로운 이야기가 전해진다.

초성 퀴즈
1. 나정이라는 우물가에서 발견된 알에서 태어난 사람 ㅂㅎㄱㅅ
2. 유화가 낳은 알에서 태어난 사람 ㅈㅁ

미니 퀴즈
1. 아홉 추장들이 구지봉에서 노래하고 춤을 추자 어떤 일이 일어났나요?
2. 금빛 궤짝 안에는 무엇이 있었나요?

핵심어 뽑기
기사에서 핵심어 3개를 뽑아 보세요.

미니 논술
알에서 태어난 이에게 사람들은 왜 관심을 갖고 이름도 지어 주었을까요?

기원전 69년 박혁거세 탄생

기원전 58년 주몽 탄생

정답 **초성 퀴즈** 1. 박혁거세 2. 주몽 **미니 퀴즈** 1. 하늘에서 금빛 궤짝이 내려왔다. 2. 황금알 여섯 개
핵심어 예시 박혁거세, 주몽, 김수로 등 **미니 논술** 나라에 도움이 될 신비로운 존재라고 생각했기 때문이다.

알에서 나온 사람들이 나라를 세우다

졸본

　박혁거세, 주몽, 김수로 등 알에서 태어난 사람들이 나라를 세웠다는 소식입니다.

　경주 지방에서 알에서 태어난 박혁거세는 마을 사람들의 보살핌 속에서 무럭무럭 자랐습니다. 기원전 57년에 박혁거세는 사람들의 지지를 받아 왕이 되어 경주에 서라벌이라는 나라를 세웠습니다. 서라벌은 사로국 등으로 불리다가 나중에 신라가 되었다고 합니다. 그래서 박혁거세는 신라의 1대 왕으로 이름을 남기게 되었습니다.

　동부여에서 알에서 태어난 주몽은 원래 이름이 없었습니다. 부여에서는 활을 잘 쏘는 사람을 주몽이라 했지요. 일곱 살 때부터 이미 스스로 활을 만들 줄 알고 백 발을 쏘면 백 발을 다 맞힐 정도로 활 쏘기 실력이 뛰어나, 이름이 주몽이 되었다고 합니다. 활 쏘기 말고도 재주가 많았던 주몽은 다른 왕자들로부터 질투를 많이 받았습니다. 결국 살던 곳을 떠나 기원전 37년에 졸본이라는 새로운 곳에서 고구려를 세웠습니다. 이후 자신의 성을 '고'라고 붙였습니다. 왕이 된 고주몽은 훗날 동명 성왕으로 불리게 되었습니다.

　김해에서 금빛 궤짝 속 여섯 개의 알 중에서 가장 먼저 나온 김수로는 금관가야의 왕이 되었습니다. 김수로 다음으로 알에서 나온 다섯 사람도 각각 대가야, 아라가야, 소가야, 성산가야, 고령가야의 왕이 되었습니다. 이렇게 세워진 여섯 가야 중에서 가장 세력이 크고 중심이 된 나라는 당연히 큰형인 김수로가 세운 금관가야입니다. 김수로는 금관가야의 도읍을 김해로 정하고, 여섯 가야를 이끌고 있다고 합니다.

 어려워서 소리 내어 읽었어요.
 흥미로워요.
 이해가 안 돼요.
 아는 내용이에요.
 놀라워요.
 더 알고 싶어요.

함께 읽어요   처음 나라가 생긴 이야기 | 김해원 | 해와나무 (4학년 이상)

월 일

한 문장 요약
알에서 태어난 박혁거세는 신라, 주몽은 고구려, 김수로는 금관가야의 왕이 되었다.

초성 퀴즈
1. 박혁거세가 세운 나라 이름 ㅅㄹㅂ
2. 주몽이 세운 나라 이름 ㄱㄱㄹ

기원전 57년
신라 건국

미니 퀴즈
1. 금빛 궤짝에서 나온 여섯 사람은 무엇이 되었나요?
2. 김수로는 어느 나라의 왕이 되었나요?

기원전 37년
고구려 건국

핵심어 뽑기
기사에서 핵심어 3개를 뽑아 보세요.

미니 논술
건국에 대한 이야기는 왜 신비로운 신화로 전해질까요?

정답 **초성 퀴즈** 1. 서라벌 2. 고구려 **미니 퀴즈** 1. 각각 여섯 가야의 왕이 되었다. 2. 금관가야
핵심어 예시 서라벌, 고구려, 금관가야 등 **미니 논술** 나라에 대한 자부심을 높이기 위해서 신비롭게 하는 것 같다.

| 선사 | 고조선 초기 국가 | **삼국** | 남북국 | 고려 | 조선 | 대한 제국 일제 강점기 | 대한민국 |

비류와 온조, 백제를 세운 사람은 누구?

위례성으로 추정되는 몽촌 토성

　고구려의 1대 왕 고주몽의 아들인 온조가 새로운 나라, 백제를 세웠습니다. 주몽이 왕이 된 지 19년이 지났을 때입니다.

　동명 성왕으로 불리는 주몽에게는 아들이 셋 있었습니다. 첫째 아들은 부여에 있을 때 첫 번째 부인과의 사이에서 태어나 다른 곳에서 살고 있던 유리입니다. 둘째와 셋째 아들은 고구려에서 두 번째 부인과의 사이에서 태어나 함께 사는 비류와 온조입니다. 비류와 온조는 아버지 동명 성왕의 뒤를 이어 고구려를 이끌 거라고 생각했습니다. 그런데 어느 날 따로 살던 첫째 아들 유리가 동명 성왕을 찾아왔고, 다음 왕위를 이을 태자가 되었습니다. 결국 비류와 온조는 자신들을 따르는 무리를 이끌고 고구려를 떠났습니다.

　한강 유역으로 내려온 비류와 온조는 새 나라를 세우기로 했습니다. 동생인 온조는 평야가 넓게 펼쳐지고 한강이 서해로 이어지는 곳이 살기 좋다고 판단했습니다. 그래서 한강 남쪽에 나라를 세웠습니다. 도읍을 위례성으로 하고, 나라 이름을 십제라고 했습니다.

　반면 비류는 바닷가에 살고 싶어 무리를 이끌고 미추홀로 갔습니다. 미추홀은 미래의 인천입니다. 미추홀은 땅이 습하고 물이 짜 살기 적당하지 않았습니다. 비류는 자신이 나라 터를 잘못 잡았다는 후회를 하며 시름시름 앓다가 세상을 떠나고 말았습니다.

　한편, 비류를 따라 미추홀에 왔던 사람들은 온조가 세운 십제로 가서 살았습니다. 이후 온조는 나라 이름을 백제라고 바꾸고 지금까지 잘 다스리고 있습니다.

 어려워서 소리 내어 읽었어요.
 흥미로워요.
 이해가 안 돼요.
 아는 내용이에요.
 놀라워요.
 더 알고 싶어요.

함께 읽어요 삼국스타실록 | 서지원 | 상상의 집 (5학년 이상)

월   일

한 문장 요약
주몽의 아들인 온조가 한강 유역으로 내려와 위례성을 도읍으로 하는 백제를 세웠다.

초성 퀴즈
1. 동명 성왕이 나라를 물려준 사람 ㅇㄹ
2. 온조가 세운 나라의 첫 번째 이름 ㅅㅈ

기원전 18년
백제 건국

미니 퀴즈
1. 비류는 무엇을 후회하며 세상을 떠났나요?
2. 비류가 미추홀로 데리고 간 사람들은 어떻게 되었나요?

핵심어 뽑기
기사에서 핵심어 3개를 뽑아 보세요.

미니 논술
여러분이 동명 성왕이라면 누구에게 왜 나라를 물려줄 건가요?

정답 **초성 퀴즈** 1. 유리 2. 십제 **미니 퀴즈** 1. 나라 터를 잘못 잡은 것 2. 백제로 가서 살았다.
핵심어 예시 온조, 백제, 유리 등 **미니 논술** 나라의 정통성을 위해 첫째 아들인 유리에게 물려줄 것 같다.

고구려, 국내성으로 도읍을 옮기다

고구려의 도읍 천도

고구려가 나라의 도읍을 졸본에서 **국내성**으로 옮겼습니다. 도읍을 옮기는 것은 쉬운 일이 아닌데 어떻게 이런 결정을 내렸는지 알아보겠습니다.

동명 성왕은 고구려의 왕위를 유리에게 물려주었습니다. 2대 왕이 된 **유리왕**은 땅을 넓히면서 힘을 키워 나갔습니다. 그런데 이웃 나라들의 힘이 만만하지 않았습니다. 유리왕은 이들이 고구려를 공격할 수도 있다고 생각했습니다. 그래서 위험한 상황에서 벗어나기 위해 도읍을 옮기기로 결정했습니다.

유리왕은 도읍을 옮길 곳을 찾다가 국내성에 눈길이 갔습니다. 압록강변에 있는 국내성은 졸본보다 농사짓기에 좋고, 높은 산이 있어 적군의 침입을 막기에도 좋아 보였습니다. 한 나라의 도읍으로 훌륭한 조건을 갖춘 것입니다. 고구려는 국내성으로 도읍을 옮긴 뒤 나라의 기틀을 잡으며 더욱 영토를 넓혀 나가고 있습니다.

미래 기자의 말에 따르면, 졸본과 국내성이 있던 곳에서 고구려의 유적이 발견되었다고 합니다. 첫 도읍이었던 졸본은 중국 랴오닝성에 있습니다. 이곳에 있는 고구려 산성 등은 유네스코 세계 유산이 되었다고 합니다. 두 번째 도읍인 국내성은 중국 지린성 지안시에 있습니다. 이곳 주변에는 광개토 대왕릉비와 장군총 등이 있다고 합니다.

유적을 보면 과거 사람들이 살았던 모습을 알 수 있습니다. 미래 사람들은 졸본과 국내성의 유적들을 보면서 고구려의 파란만장했던 역사를 떠올린다고 하는군요.

 어려워서 소리 내어 읽었어요.
 흥미로워요.
 이해가 안 돼요.
 아는 내용이에요.
 놀라워요.
 더 알고 싶어요.

함께 읽어요 힘찬 나라 고구려 | 이현 | 휴먼어린이 (1학년 이상)

월   일

서기 3년
고구려, 국내성 천도

한 문장 요약
고구려는 이웃 나라들의 위협을 피하기 위해, 졸본에서 국내성으로 도읍으로 옮겼다.

초성 퀴즈
1. 고구려가 졸본 다음으로 옮긴 도읍 ㄱㄴㅅ
2. 국내성으로 도읍을 옮긴 왕 ㅇㄹㅇ

미니 퀴즈
1. 유리왕이 국내성을 적당한 도읍지라고 생각한 까닭은 무엇인가요?
2. 국내성 주변에 남아 있는 고구려 유적은 무엇인가요?

핵심어 뽑기
기사에서 핵심어 3개를 뽑아 보세요.

미니 논술
나라의 도읍을 정할 때 무엇이 중요할지 생각해 보세요.

정답 초성 퀴즈 1. 국내성 2. 유리왕 **미니 퀴즈** 1. 농사짓기 좋고 적군을 막기에도 좋아서 2. 광개토 대왕릉비, 장군총 등
핵심어 예시 국내성, 유리왕, 광개토 대왕릉비 등 **미니 논술** 농사짓기 좋아야 하고 적의 침입을 막기 좋아야 한다.

철이 풍부한 가야를 주목하라!

가야

한반도에 세워진 나라 가운데 가야는 땅이 넓은 나라가 아닙니다. 그래서 그동안 크게 주목받지 않았던 가야에서 요즘 여러 소식이 들려옵니다. 백제와 신라 사이에 끼어 있지만 제법 잘 성장하고 있다고 합니다.

고구려, 백제, 신라, 삼국이 건국될 무렵, 금관가야를 비롯한 여섯 가야는 서로 연합해 **가야 연맹**을 이루었습니다. 가야 연맹의 중심은 김해의 금관가야입니다. **가락국**이라고도 불리는 금관가야는 주변의 작은 나라들을 합쳐 힘을 키우고 있습니다. 그래서 신라가 조금 긴장을 하고 있다고 합니다.

가야가 위치한 곳은 변한이 있던 낙동강 유역입니다. 이곳은 농사가 잘되는 곳일 뿐만 아니라 철이 풍부합니다. 철은 무기와 농기구를 만들 수 있는 재료입니다. 가야의 철은 질이 좋고, 가야인들은 철을 다루는 솜씨가 뛰어납니다. 가야의 철과 철제 무기, 농기구 등은 주변 나라들에 인기가 높아 멀리서도 많이 사러 옵니다. 바닷길과 연결되는 곳에 있는 금관가야는 가야 연맹의 철 무역을 이끌며 발전하고 있습니다.

가야인들은 토기를 만드는 솜씨도 뛰어납니다. 토기의 종류도 다양하고, 모양도 배, 바퀴, 집 등으로 다채로워 바다 건너 왜에서도 가야의 기술을 배우러 온다고 합니다.

한편, 가야는 연맹이다 보니 힘을 하나로 모으기 쉽지 않습니다. 그래서 외세의 침입을 잘 막을 수 있을지에 대한 걱정도 있습니다. 가야의 운명에 관심이 모아지고 있습니다.

 어려워서 소리 내어 읽었어요.
 흥미로워요.
 이해가 안 돼요.
 아는 내용이에요.
 놀라워요.
 더 알고 싶어요.

함께 읽어요 가야를 왜 철의 왕국이라고 하나요? | 권오영 | 다섯수레 (5학년 이상)

월   일

한 문장 요약

가야는 백제와 신라 사이에 끼어 있다는 지리적 단점이 있음에도 불구하고, 주변 여러 나라들과 철 무역을 하며 성장하고 있다.

초성 퀴즈

1. 금관가야를 부르는 다른 말 ㄱㄹㄱ
2. 여섯 가야가 서로 연합해 이룬 연맹 ㄱㅇ ㅇㅁ

미니 퀴즈

1. 가야가 비교적 잘 성장할 수 있었던 이유는 무엇인가요?
2. 가야인들은 철을 다루는 기술 외에도 어떤 기술이 뛰어났나요?

핵심어 뽑기

기사에서 핵심어 3개를 뽑아 보세요.

미니 논술

가야가 외세의 침입을 이겨 낼 방법은 무엇일까요?

42년경
금관가야
건국

200년경
금관가야
번성

정답 **초성 퀴즈** 1. 가락국 2. 가야 연맹 **미니 퀴즈** 1. 농사가 잘되고, 철이 풍부해서 2. 토기 기술
핵심어 예시 가락국, 철, 토기 등 **미니 논술** 연맹국끼리 서로 힘을 합친다.

삼국이 불교를 받아들인 까닭은?

이차돈 순교비

고구려, 백제, 신라, 삼국이 **불교**를 받아들였습니다. 고구려와 백제는 4세기 때, 신라는 5세기 때 일입니다.

인도에서 시작된 불교는 석가모니 부처의 가르침을 따르는 종교입니다. 왕족의 아들인 석가모니는 궁에서 풍족하게 살았습니다. 그러던 중 궁 밖에 나왔다가 깜짝 놀랐습니다. 고통을 받으며 살아가는 사람들을 본 겁니다. 석가모니는 삶에 대해 깊이 생각하게 되었고, 궁을 떠나 오랫동안 수행을 했습니다. 결국 깨달음을 얻고, 사람들에게 세상의 고통과 마음의 어려움에서 벗어나 살아갈 방법을 가르쳤습니다.

삼국이 불교를 받아들인 이유는 백성의 마음을 모으기 위해서입니다. 백성들이 한마음으로 불교를 믿으면 나라를 위해 힘을 모을 수 있다고 생각했기 때문입니다.

고구려와 백제는 큰 문제가 없었지만 신라는 불교를 받아들이기까지 어려움이 있었습니다. 귀족들이 반대해 쉽지 않았습니다. **이차돈**이 자기 목숨을 내어놓는 희생을 하고서야 불교를 받아들였습니다. 전해지는 이야기에 따르면, 이차돈은 법흥왕에게 자신이 죽으면 기적이 있을 거라 말했습니다. 이차돈이 죽임을 당하자 흰 피가 솟아올랐고 갑자기 하늘이 어두워지면서 꽃비가 내렸다고 합니다. 귀족들은 이 장면을 보고 결국 불교를 인정하게 되었습니다. 5세기에 받아들인 불교는 6세기에 이르러 국가의 종교가 되었습니다.

삼국은 불교를 받아들인 뒤, 저마다 특색을 띤 문화를 꽃피우고 있다고 합니다.

 어려워서 소리 내어 읽었어요.
 흥미로워요.
 이해가 안 돼요.
 아는 내용이에요.
 놀라워요.
 더 알고 싶어요.

함께 읽어요 왕의 힘을 굳게 다진 이차돈과 법흥왕 | 권기경 | 한솔수북 (5학년 이상)

월 일

한 문장 요약
고구려와 백제는 4세기, 신라는 5세기에 불교를 받아들였고, 백성의 마음을 하나로 모으기 위해 국가의 종교로 삼았다.

초성 퀴즈
1. 삼국이 모두 받아들인 종교 ㅂㄱ
2. 불교를 받아들이기 위해 자기 목숨을 내어놓은 신라 사람 ㅇㅊㄷ

미니 퀴즈
1. 불교는 어떤 종교인가요?
2. 신라가 불교를 국가의 종교로 삼은 시기는 언제인가요?

핵심어 뽑기
기사에서 핵심어 3개를 뽑아 보세요.

미니 논술
나라에서 종교를 정해 믿게 하는 이유는 무엇일까요?

372년
고구려,
불교 공인

384년
백제,
불교 공인

527년
신라,
불교 공인

정답 **초성 퀴즈** 1. 불교 2. 이차돈 **미니 퀴즈** 1. 석가모니 부처의 가르침을 따르는 종교 2. 6세기
핵심어 예시 불교, 이차돈, 법흥왕 등 **미니 논술** 마음을 하나로 모아 나라를 안정적으로 운영하기 위해서다.

광개토 대왕 나가신다, 길을 비켜라!

광개토 대왕릉비

고구려가 **광개토 대왕**을 기리는 비석을 세웠습니다. 광개토 대왕은 고구려 땅을 어마어마하게 넓힌 왕입니다. 광개토 대왕은 세상을 떠났지만, 여전히 모든 것이 화제입니다.

374년에 태어난 광개토 대왕은 어려서부터 체격이 크고, 가슴에 품은 뜻이 컸다고 합니다. 광개토 대왕은 열일곱 살이 되던 391년, 고구려의 19대 왕이 되었습니다. 광개토 대왕은 왕위에 오르자마자 정복 활동에 나섰습니다. 용맹하고 전술을 짜는 지혜도 뛰어난 광개토 대왕은 나서는 전투마다 승리를 거두며 사방으로 땅을 넓혔습니다. 북쪽으로 진출하여 만주와 요동 지역을 차지하고, 남쪽으로는 백제를 공격해 한강 이북까지 차지했습니다. 광개토 대왕의 엄청난 정복 활동으로 힘을 크게 키운 고구려는 동아시아의 강국으로 이름을 떨쳤습니다. 바야흐로 고구려 전성기의 문을 연 것입니다.

광개토 대왕은 스스로를 '크고 위대한 왕'이라고 칭할 만큼 자신감이 넘쳤습니다. 그런데 안타깝게도 광개토 대왕은 오래도록 고구려를 이끌지 못했습니다. 왕위에 있던 22년 내내 전쟁터를 누비다 서른아홉 살의 젊은 나이로 세상을 떠나고 만 겁니다.

다음 왕위는 광개토 대왕의 아들 장수왕이 이어받았습니다. 장수왕은 고구려의 도읍인 국내성에 아버지를 기리는 비석을 세웠습니다. 그 비석이 바로 **광개토 대왕릉비**입니다. 높이 6.39미터의 이 비석에는 앞뒤로 모두 1,775자를 새겼습니다. 고구려의 역사를 비롯해 광개토 대왕의 업적을 담았다고 합니다.

 어려워서 소리 내어 읽었어요.
 흥미로워요.
 이해가 안 돼요.
 아는 내용이에요.
 놀라워요.
 더 알고 싶어요.

함께 읽어요 광개토 대왕 | 김종렬 | 비룡소 (2학년 이상)

월 일

한 문장 요약
광개토 대왕이 정복 활동에 나서 만주와 요동 지역까지 땅을 넓히며, 고구려의 전성기를 열었다.

초성 퀴즈
1. 고구려 영토를 많이 넓힌 왕 ㄱㄱㅌ ㄷㅇ
2. 장수왕이 아버지의 업적을 기리어 세운 비석 ㄱㄱㅌ ㄷㅇㄹㅂ

미니 퀴즈
1. 광개토 대왕은 어디까지 땅을 넓혔나요?
2. 광개토 대왕릉비에는 어떤 내용이 새겨져 있나요?

핵심어 뽑기
기사에서 핵심어 3개를 뽑아 보세요.

미니 논술
인물의 비석을 세우는 이유는 무엇일까요?

391년 광개토 대왕 즉위

414년 광개토 대왕릉비 건립

정답
초성 퀴즈 1. 광개토 대왕 2. 광개토 대왕릉비
미니 퀴즈 1. 북으로 만주와 요동, 남으로 한강 이북까지 2. 고구려의 역사와 광개토 대왕의 업적
핵심어 예시 광개토 대왕, 광개토 대왕릉비, 장수왕 등 **미니 논술** 그 업적을 기리고 본받아 더 발전하기 위해서다.

장수왕은 왜 평양성으로 도읍을 옮겼을까?

고구려의 영토 확장

광개토 대왕의 뒤를 이은 장수왕이 영토 확장을 위해 도읍도 옮겼다고 합니다.

장수왕은 열아홉 살이던 413년에 고구려의 20대 왕이 되었습니다. 이때 중국 대륙에서는 힘센 나라들이 서로 싸우며 세력을 키우고 있었습니다. 장수왕은 이들과 부딪치지 않으려고 한반도 남쪽으로 눈을 돌렸습니다. 남쪽으로 영토를 넓히는 길을 택한 겁니다. 이를 **남진 정책**이라고 합니다. 장수왕은 남진 정책을 펼치기 위해 국내성보다 남쪽에 있는 **평양성**으로 도읍을 옮겼습니다. 427년의 일입니다.

장수왕이 도읍을 옮긴 이유는 남진 정책 말고도 다른 목적도 있었다고 전해집니다. 국내성을 휘어잡고 있는 귀족들의 힘을 약화시키기 위해서라고 합니다. 장수왕은 왕의 힘이 커야 나라를 잘 이끌 수 있다고 생각했습니다. 그래서 국내성을 떠나 평양성에서 왕권을 강화하려고 했다는 겁니다.

고구려가 도읍을 옮기자, 백제와 신라는 벌벌 떨었습니다. 강한 군사력의 고구려가 쳐들어올까 봐 긴장한 것입니다. 아니나 다를까 장수왕은 475년에 백제를 공격했습니다. 고구려는 백제의 도읍 위례성을 빼앗고, 한반도 중부 지역까지 영토를 넓혔습니다.

미래 기자의 말에 따르면, 장수왕은 고구려의 최전성기를 이끌다 491년에 세상을 떠났습니다. 아흔일곱 살까지 살았으니 장수왕은 그야말로 장수를 한 것입니다. 그동안 아들이 먼저 세상을 떠난 바람에 다음 왕위는 손자인 문자 명왕이 이어받는다고 합니다.

 어려워서 소리 내어 읽었어요.
 흥미로워요.
 이해가 안 돼요.
 아는 내용이에요.
 놀라워요.
 더 알고 싶어요.

함께 읽어요 고구려를 넘어서 | 강효미 | 스푼북 (5학년 이상)

월   일

한 문장 요약
도읍을 평양성으로 옮긴 장수왕이 남진 정책을 펼쳐 한강 유역을 차지하며, 고구려의 최전성기를 이끌었다.

초성 퀴즈
1. 고구려가 한반도 남쪽을 정복해 영토를 넓히려고 했던 정책 ㄴㅈ ㅈㅊ
2. 장수왕이 국내성에서 옮긴 도읍 ㅍㅇㅅ

427년
고구려, 평양성 천도

미니 퀴즈
1. 장수왕이 국내성에서 평양성으로 도읍을 옮긴 이유는 무엇인가요?
2. 평양성으로 도읍을 옮긴 장수왕이 한 일은 무엇인가요?

475년
고구려, 한강 유역 차지

핵심어 뽑기
기사에서 핵심어 3개를 뽑아 보세요.

_____ _____ _____

미니 논술
다른 나라 땅을 빼앗아 영토를 확장하는 것에 대해 어떻게 생각하나요?

_____

_____

_____

정답 **초성 퀴즈** 1. 남진 정책 2. 평양성 **미니 퀴즈** 1. 남진 정책을 펼치고, 귀족들의 힘을 빼기 위해서 2. 남쪽으로 땅을 넓히는 일
핵심어 예시 장수왕, 평양성, 남진 정책 등 **미니 논술** 당시는 영토 싸움을 하던 때라 괜찮을 것 같다.

백제, 도읍을 두 번이나 옮기다

백제의 도읍 천도

고구려에 위례성을 빼앗긴 백제가 급하게 도읍을 옮겼습니다. 백제가 도읍을 옮긴 곳은 위례성보다 훨씬 남쪽인 웅진입니다. 웅진은 미래의 공주라는 도시입니다.

백제는 고구려의 공격으로 개로왕이 죽자 혼란에 빠졌습니다. 개로왕의 아들 문주왕은 아버지의 죽음을 슬퍼할 새도 없이 도읍을 옮겨야 했습니다.

백제는 삼국 중 가장 먼저 전성기를 맞았던 나라입니다. 그런 백제가 약해진 데는 고구려의 속임수가 영향을 미쳤습니다. 고구려는 도림이라는 첩자를 보냈습니다. 도림은 개로왕과 장기를 두며 친해진 뒤, 무리한 궁궐 공사를 부추겼습니다. 도림의 꾐에 넘어간 개로왕은 공사에 나랏돈을 쏟아부었고, 결국 고구려가 공격했을 때, 백제군은 힘을 쓰지 못하고 위례성을 내줬습니다.

백제는 웅진에서 안정을 찾고 있습니다. 그런데 이후 또 도읍을 옮긴다고 합니다. 미래 기자의 말에 따르면, 26대 왕 성왕은 웅진보다 더 남쪽인 사비로 도읍을 옮겼습니다. 백제를 강한 나라로 다시 일으키고 싶어서입니다. 사비는 미래의 부여라는 도시입니다.

성왕은 사비로 도읍을 옮기며 백제를 일으킬 여러 계획도 세웠습니다. 그중 하나가 고구려에게 빼앗긴 한강을 되찾는 것입니다. 성왕은 신라와 동맹을 맺고 551년에 고구려를 공격해 한강 유역을 찾는다고 합니다. 하지만 백제는 신라에게 배신을 당해 한강 유역을 빼앗겼고 다시는 되찾지 못했다고 합니다.

 어려워서 소리 내어 읽었어요.   흥미로워요.   이해가 안 돼요.   아는 내용이에요.   놀라워요.   더 알고 싶어요.

함께 읽어요 세상 밖으로 나온 백제 | 서선연 | 개암나무 (4학년 이상)

월   일

한 문장 요약
백제는 고구려의 공격을 받아 도읍을 위례성에서 웅진으로 옮겼고, 나라를 다시 일으키기 위해 또다시 사비로 도읍을 옮겼다.

475년
백제, 웅진 천도

초성 퀴즈
1. 백제가 거쳐 온 도읍 세 군데 ㅇㄹㅅ, ㅇㅈ, ㅅㅂ
2. 고구려가 백제에 보낸 첩자 ㄷㄹ

미니 퀴즈
1. 백제가 위례성에서 웅진으로 도읍을 옮긴 이유는 무엇인가요?
2. 백제가 한강 유역을 되찾지 못한 이유는 무엇인가요?

핵심어 뽑기
기사에서 핵심어 3개를 뽑아 보세요.

미니 논술
백제를 배신하고 한강을 모두 차지한 신라에 대해 어떻게 생각하나요?

정답 **초성 퀴즈** 1. 위례성, 웅진, 사비 2. 도림 **미니 퀴즈** 1. 고구려에게 공격을 당해서 2. 신라가 배신하고 빼앗아서
핵심어 예시 위례성, 웅진, 사비 등 **미니 논술** 욕심이 과했으니 신라에 안 좋은 일이 생길 것 같다.

무령왕, 백제를 다시 일으키다

무령왕릉 석수

501년에 백제 25대 왕의 자리에 오른 무령왕이 나라를 안정시키기 위해 온 힘을 다하고 있습니다. 무령왕 덕분에 혼란에 빠졌던 백제가 차츰 안정을 찾는 모양새입니다.

무령왕 바로 전 왕인 동성왕은 귀족들에 의해 죽임을 당했습니다. 귀족들이 왕실을 깔보고 반란을 일으킨 것입니다. 무령왕은 귀족들의 반란을 진압하고, 군대를 훈련시켰습니다. 그리고 고구려에 맞서며 백제의 힘을 다시 과시하고 있습니다.

무령왕은 외교도 잘하고 있습니다. 중국에 신하를 보내 왕래하며 백제의 상업을 발달시키고 있습니다. 또 농업에 도움이 되는 시설을 만들어 백성들의 마음을 얻고 있습니다.

미래 기자의 말에 따르면, 무령왕 시기에 백제가 발전했던 모습은 충남 공주에 있는 무령왕릉을 보면 알 수 있다고 합니다. 이 무덤은 내부 벽이 참으로 아름답습니다. 벽돌을 쌓아 올린 모습이 예술적입니다.

무령왕릉 안에는 상당히 많은 보물들이 있습니다. 왕과 왕비의 금제 관식, 무령왕비 금귀걸이와 은팔찌 등입니다. 이곳에는 왕과 왕비의 관이 함께 있는데, 금송이라는 일본 소나무로 만들어졌습니다. 관이 있는 곳은 돌로 만든 특별한 동물이 지키고 있고, 그 앞으로 중국에서 들여온 도자기와 화폐가 놓여 있다고 합니다. 벽돌과 도자기, 화폐, 관은 백제가 중국, 일본과 교류했다는 걸 보여 줍니다.

무령왕릉은 삼국 시대 왕의 무덤 중 유일하게 주인을 알 수 있는 무덤입니다.

 어려워서 소리 내어 읽었어요.
 흥미로워요.
 이해가 안 돼요.
 아는 내용이에요.
 놀라워요.
 더 알고 싶어요.

 어진 임금 무령왕 | 최향미 | 한솔수북 (5학년 이상)

월   일

한 문장 요약

무령왕은 고구려에 다시 맞설 만큼 백제의 힘을 키우고, 상업과 농업을 발전시켜 나라를 안정시켰다.

초성 퀴즈

1. 무령왕과 왕비의 무덤 ㅁㄹㅇㄹ
2. 무령왕 때 백제가 교류했던 나라 ㅈㄱ, ㅇㅂ

501년
무령왕
즉위

미니 퀴즈

1. 무령왕의 업적은 무엇인가요?
2. 무령왕릉은 어디에 있나요?

핵심어 뽑기

기사에서 핵심어 3개를 뽑아 보세요.

미니 논술

과거 왕의 무덤에서 발견된 보물을 통해 알 수 있는 사실은 무엇일까요?

정답 **초성 퀴즈** 1. 무령왕릉 2. 중국, 일본 **미니 퀴즈** 1. 백제의 힘을 다시 키웠고, 외교도 잘했다. 2. 충남 공주
핵심어 예시 무령왕, 무령왕릉, 금제 관식 등 **미니 논술** 왕의 생활상과 당시 귀하게 여긴 것을 알 수 있다.

아름다운 문화의 나라, 백제

금동 대향로

　남쪽으로 도읍을 옮긴 백제가 아름다운 문화를 꽃피우고 있습니다. 웅진과 사비를 도읍으로 하는 동안 백제를 대표하는 문화유산을 만들었다고 합니다.

　백제는 일찍이 중국 동진과 교류하며 중국의 문화를 받아들였습니다. 그리고 이를 바탕으로 아시아에서 눈에 띄게 훌륭한 문화를 만들어 가고 있습니다. 백제는 자신들의 발전된 문화를 일본에 전하기도 합니다.

　백제 문화는 대체로 온화하고 아름답습니다. 세련됨도 큰 특징입니다. 대표적으로 **금동 대향로, 마애 여래 삼존상**에 대해 알아보겠습니다.

　금동 대향로는 향을 피울 때 쓰는 향로입니다. 27대 왕인 위덕왕이 아버지 성왕을 위로하기 위해 만들었습니다. 향로 뚜껑 위의 봉황 장식, 몸체에 새겨진 새와 물고기 등의 동물, 나무, 연꽃 등의 무늬들이 섬세해 당시의 걸작으로 꼽힙니다.

　서산 용현리에 있는 마애 여래 삼존상 역시 참으로 멋집니다. '마애'는 벽처럼 넓고 큰 바위를 깎아 조각한다는 뜻이고, '여래'는 깨달음을 얻은 부처를 뜻합니다. 마애 여래 삼존상은 바위에 세 명의 부처님을 새긴 조각상인 것입니다. 암벽에 부처님의 모습을 무척 온화하고 섬세하게 새긴 조각 기술이 실로 놀랍습니다.

　금동 대향로, 마애 여래 삼존상뿐 아니라 무령왕릉의 공예품들도 백제의 뛰어난 문화를 보여 줍니다. 백제는 정말 문화의 나라라 할 만합니다.

 어려워서 소리 내어 읽었어요.
 흥미로워요.
 이해가 안 돼요.
 아는 내용이에요.
 놀라워요.
 더 알고 싶어요.

함께 읽어요 백제 역사 유적 지구 | 이은석 | 주니어김영사 (4학년 이상)

월 일

한 문장 요약
백제의 문화는 온화하고 세련되었다는 특징이 있는데, 대표적인 예로 금동 대향로, 마애 여래 삼존상 등이 있다.

초성 퀴즈
1. 위덕왕이 아버지 성왕을 위로하기 위해 만든 향로 ㄱㄷ ㄷㅎㄹ
2. 세 명의 부처를 암벽에 새긴 백제의 불상 ㅁㅇ ㅇㄹ ㅅㅈㅅ

475년~660년
백제 문화 중흥

미니 퀴즈
1. 백제 문화재는 어떤 특징이 있나요?
2. 금동 대향로는 누가 왜 만들었나요?

핵심어 뽑기
기사에서 핵심어 3개를 뽑아 보세요.

미니 논술
나라의 문화재에는 어떤 의미가 있을까요?

정답 **초성 퀴즈** 1. 금동 대향로 2. 마애 여래 삼존상 **미니 퀴즈** 1. 온화하고 세련됐다. 2. 위덕왕이 아버지 성왕을 기리기 위해
핵심어 예시 백제, 금동 대향로, 마애 여래 삼존상 등 **미니 논술** 그 나라의 특징을 알 수 있고 자부심을 느낄 수 있다.

신라 장군 이사부, 우산국 정벌!

울릉도

신라가 **우산국**을 정벌했다는 소식입니다. 우산국은 미래의 울릉도와 독도를 지배했던 나라입니다. 우산국 정벌은 22대 왕 **지증왕**의 명령을 받은 이사부 장군에 의해 이뤄졌습니다. 이사부가 어떻게 섬나라인 우산국을 정벌했는지 알아보겠습니다.

이사부는 우산국을 신라 땅으로 만들기 위해 작전을 짜고, 배를 타고 건너갔습니다. 이사부는 나무로 만든 사자를 배에 싣고 우산국 바닷가로 다가가 사람들을 위협했습니다. 항복하지 않으면, 사자를 섬에 풀어 놓겠다고 겁을 준 것입니다. 우산국 사람들은 배에 있는 사자 모형을 진짜 사자로 생각하고 놀라서 항복했다고 전해집니다.

이사부는 용맹하고 꾀가 뛰어난 인물입니다. 또한 훌륭한 지도력으로 사람들을 잘 이끈다고 합니다. 이사부는 24대 왕이 된 진흥왕의 정복 전쟁에도 참여할 거라고 알려져 있습니다. 진흥왕은 한강 유역과 대가야 정복에 이사부가 큰 힘이 될 것으로 기대하고 있다고 합니다. 이사부 역시 신라의 영토를 확장하는 데 힘이 되겠다며 의지를 다지고 있습니다.

미래 기자의 말에 따르면, 이사부가 정벌해 신라 땅으로 만든 독도를 일본이 자기 땅이라고 주장한다고 합니다. 이 말을 전해 들은 이사부는 어이가 없다는 반응입니다. 신라는 한국의 역사인 만큼, 신라가 차지한 독도는 대한민국의 땅임을 의심할 수 없다는 것입니다.

어려워서 소리 내어 읽었어요.

흥미로워요.

이해가 안 돼요.

아는 내용이에요.

놀라워요.

더 알고 싶어요.

함께 읽어요 우리 땅 독도 | 김경희 | 뭉치 (4학년 이상)

월 일

한 문장 요약
신라의 장군 이사부가 현재의 울릉도와 독도를 다스렸던 나라인 우산국을 정벌하며, 신라의 영토를 확장하는 데 힘썼다.

초성 퀴즈
1. 이사부가 정벌한 섬나라   ㅇㅅㄱ
2. 이사부에게 우산국 정벌을 명령한 왕   ㅈㅈㅇ

512년 신라, 우산국 정벌

미니 퀴즈
1. 우산국 정벌 이외에 이사부는 어떤 일을 했나요?
2. 이사부는 우산국 정벌을 갈 때 배에 무엇을 싣고 갔나요?

핵심어 뽑기
기사에서 핵심어 3개를 뽑아 보세요.

미니 논술
신라는 왜 우산국을 정벌하려고 했을까요?

정답 **초성 퀴즈** 1. 우산국 2. 지증왕 **미니 퀴즈** 1. 한강 유역과 대가야 정복 전쟁에 참여했다. 2. 나무로 만든 사자 모형
핵심어 예시 이사부, 우산국, 독도 등 **미니 논술** 무역이나 군사 활동에 도움이 되어서 정벌했을 것이다.

진흥왕, 신라를 크게 키우다

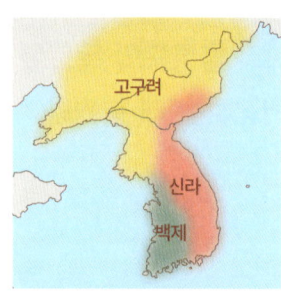

신라의 영토 확장

고구려, 백제, 신라, 삼국이 팽팽하게 맞서다 보니 나라마다 왕들의 역할이 아주 큽니다. 그중 신라 **진흥왕**의 활약이 많은 관심을 모으고 있습니다.

진흥왕은 540년 신라의 24대 왕이 되었습니다. 진흥왕은 영토를 넓혀 신라를 발전시키겠다는 의지가 강했습니다. 그래서 왕위에 오르자마자 영토를 넓힐 기회를 노렸습니다.

신라는 북쪽은 고구려, 서쪽은 백제와 국경을 맞대고 있습니다. 특히 고구려는 아주 막강한 나라였습니다. 그래서 신라는 백제와 다투기보다 서로 힘을 모으고 도움을 주고받는 것이 유리하다고 생각해 왔습니다. 이미 433년에 백제와 군사 동맹을 맺은 바도 있습니다. 이 동맹을 신라의 '라(나)', 백제의 '제'를 합쳐 **나제 동맹**이라고 합니다.

나제 동맹은 진흥왕이 왕이 된 후에도 계속 이어지고 있었습니다. 그러던 551년, 백제 성왕이 고구려를 함께 공격하자고 진흥왕에게 손을 내밀어 왔습니다. 두 나라가 함께 고구려를 공격해서 백제는 옛 도읍이 있었던 한강 하류 지역을 되찾고, 신라는 한강 상류 지역을 차지하자는 것이었습니다. 진흥왕은 흔쾌히 백제의 손을 잡았습니다. 두 나라는 약속대로 고구려를 함께 공격해 승리를 거뒀습니다.

이때 진흥왕이 신라의 발전을 위해 놀라운 일을 벌였습니다. 120년간 맺어 온 나제 동맹을 깨고 553년 백제를 물리쳐 한강 유역을 독차지한 것입니다. 이제 신라는 한강과 연결된 바닷길을 통해 중국과 교류하게 됐습니다. 이렇게 신라가 전성기를 맞이했습니다.

 어려워서 소리 내어 읽었어요.
 흥미로워요.
 이해가 안 돼요.
 아는 내용이에요.
 놀라워요.
 더 알고 싶어요.

함께 읽어요 삼국의 영웅 | 김해등 | 스푼북 (4학년 이상)

월 일

한 문장 요약
진흥왕은 오랫동안 이어 온 나제 동맹을 깨고 한강 유역을 차지해 신라 영토를 최대로 넓혔고, 신라는 전성기를 맞이했다.

초성 퀴즈
1. 신라의 전성기를 이끈 왕 ㅈㅎㅇ
2. 신라와 백제가 고구려에 맞서고자 맺은 동맹 ㄴㅈ ㄷㅁ

540년 진흥왕 즉위

미니 퀴즈
1. 신라와 백제는 왜 동맹을 맺었나요?
2. 진흥왕이 백제와의 동맹을 깨고 차지한 곳은 어디인가요?

핵심어 뽑기
기사에서 핵심어 3개를 뽑아 보세요.

미니 논술
자기 나라의 발전을 위해서 동맹을 깬 진흥왕에 대해 어떻게 생각하나요?

정답 **초성 퀴즈** 1. 진흥왕 2. 나제 동맹 **미니 퀴즈** 1. 고구려에 함께 맞서기 위해 2. 한강 유역
핵심어 예시 진흥왕, 나제 동맹, 한강 등 **미니 논술** 동맹도 중요하지만 나라의 발전이 더 중요하기 때문에 나라를 위한 선택을 했다고 생각한다.

꽃 같은 청소년의 모임, 화랑도

임신서기석

　신라의 진흥왕이 청소년 수련 단체인 화랑도를 크게 키우고 있다는 소식입니다. 나라를 이끌고 지킬 인재를 길러 내기 위해서라고 합니다.

　화랑도는 예로부터 신라에 있었던 단체입니다. '화랑'은 꽃처럼 잘생긴 사내, '도'는 무리라는 뜻입니다. 화랑도는 화랑과 그를 따르는 낭도로 구성되어 있습니다. 화랑은 외모가 빼어나고 품행이 올바른 진골 신분의 자녀만이 될 수 있고, 낭도는 평민도 될 수 있습니다.

　화랑들은 세속오계라는 다섯 가지 계율을 지키고 실천합니다. 충성으로 임금을 섬길 것, 효도로 어버이를 섬길 것, 믿음으로 벗을 사귈 것, 전쟁터에 나가면 물러서지 말 것, 살아 있는 것을 죽일 때는 가려서 할 것이라는 계율입니다. 미래 기자의 말에 따르면, 화랑들이 세속오계를 지키겠다는 맹세를 새긴 임신서기석이 전해지고 있다고 합니다.

　진흥왕은 화랑도를 국가 조직으로 키우고 있습니다. 화랑도의 청소년들이 세속오계를 지키며 무술과 학문을 수련하면, 나라를 이끌고 지킬 인재가 되리라 생각한 것입니다. 진흥왕이 바란 대로 화랑들은 주로 군사 분야에서 활약하고 있습니다. 562년, 이미 사다함이라는 화랑이 진흥왕에게 대가야 정벌을 따라 가겠다고 간절히 청했습니다.

　미래 기자의 말에 따르면, 화랑도는 진흥왕 시기 이후 더 중요한 역할을 합니다. 김유신, 반굴, 관창 등이 전쟁터에서 신라를 위해 눈부신 활약을 했다고 합니다.

 어려워서 소리 내어 읽었어요.
 흥미로워요.
 이해가 안 돼요.
 아는 내용이에요.
 놀라워요.
 더 알고 싶어요.

함께 읽어요 화랑이 되고 싶었던 신라 소년 한림 | 강무홍 | 사계절 (4학년 이상)

월 일

한 문장 요약

신라의 화랑도는 청소년 수련 단체로, 진흥왕이 나라를 이끌고 지킬 인재를 길러 내기 위해 크게 키웠다.

540년~576년
진흥왕, 화랑도 양성

초성 퀴즈

1. 신라의 청소년 수련 단체 ㅎㄹㄷ
2. 화랑들이 지켜야 했던 다섯 가지 계율 ㅅㅅㅇㄱ

미니 퀴즈

1. 화랑이 될 수 있는 조건은 무엇인가요?
2. 진흥왕 시기 이후 활약했던 화랑에는 누가 있나요?

핵심어 뽑기

기사에서 핵심어 3개를 뽑아 보세요.

미니 논술

화랑도는 당시 문화나 사회에 어떤 영향을 주었을까요?

정답 **초성 퀴즈** 1. 화랑도 2. 세속오계 **미니 퀴즈** 1. 진골 귀족으로, 용모가 빼어나고 품행이 올바를 것 2. 김유신, 반굴, 관창 등 **핵심어 예시** 화랑도, 세속오계, 김유신 등 **미니 논술** 화랑이 이상적인 청년의 모습으로 여겨져 본보기가 되었을 것이다.

신라를 왜 황금의 나라라고 했나요?

신라 금관

　신라의 화려함이 요즘 많은 이들의 주목을 끌고 있습니다. 신라는 금으로 된 물건들을 많이 만들어 황금의 나라라고도 불리고 있습니다.

　신라인들은 금으로 장신구와 그릇을 많이 만들고 있습니다. 머리에 쓰는 관은 물론이고, 몸을 치장하는 허리띠, 귀걸이, 목걸이, 팔찌, 반지뿐 아니라 일상에서 쓰는 그릇까지도 금으로 만듭니다.

　가장 화려하고 유명한 것은 금관입니다. 금관은 순금을 얇게 펴고 섬세하게 무늬를 새겨 만들었습니다. 그리고 그 위에 장식으로 푸른 옥과 동그란 금 조각이 달려 있어 흔들거리는 모습이 매우 예쁩니다. 금으로 만든 허리띠도 화려합니다. 번쩍번쩍 빛나는 금 장신구는 왕이나 왕족 등이 자신의 높은 신분을 뽐내기 위해 쓴다고 합니다.

　금 그릇은 가장 높은 신분인 **성골**, 은 그릇은 그다음 신분인 **진골**까지만 쓸 수 있습니다. 신라는 골품제라는 신분 제도가 있어, 신분에 따라 오를 수 있는 관직, 집의 크기 등이 정해져 있습니다. 심지어 옷차림과 그릇까지 정해져 있습니다.

　신라를 황금의 나라라고 하지만, 금은 결국 지배층의 문화입니다. 이 황금 문화는 5세기부터 6세기 전반에 이르기까지 계속 이어지고 있으며, 신라를 대표하는 문화로 꼽히고 있습니다. 미래 기자의 말에 따르면, 국립경주박물관에 가면 황금으로 만든 신라의 유물들을 볼 수 있다고 합니다.

 어려워서 소리 내어 읽었어요.
 흥미로워요.
 이해가 안 돼요.
 아는 내용이에요.
 놀라워요.
 더 알고 싶어요.

함께 읽어요 | 신라를 왜 황금의 나라라고 하나요? | 전호태 | 다섯수레 (5학년 이상)

월   일

한 문장 요약
신라 시대에는 금으로 장신구들을 많이 만들었는데, 주로 왕과 왕족들이 사용했다.

초성 퀴즈
1. 금 그릇을 사용할 수 있는 신라 시대 신분 ㅅㄱ
2. 은 그릇을 사용할 수 있는 신라 시대 신분 ㅈㄱ

401년경 ~550년경
신라, 황금 문화 절정

미니 퀴즈
1. 신라에서 금으로 만든 것 중 가장 화려하고 유명한 것은 무엇인가요?
2. 신라는 신분마다 무엇이 달랐나요?

핵심어 뽑기
기사에서 핵심어 3개를 뽑아 보세요.

미니 논술
골품제에 긍정적인 면이 있다면 무엇일까요?

정답 **초성 퀴즈** 1. 성골 2. 진골 **미니 퀴즈** 1. 금관 2. 오를 수 있는 관직, 집의 크기 등
핵심어 예시 신라, 황금의 나라, 금관 등 **미니 논술** 사회 질서가 지켜져 나라가 안정될 수 있다는 점이다.

골품제, 성스러운 뼈는 따로 있다?

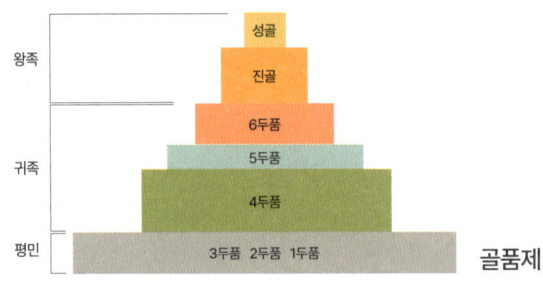

신라에는 다른 나라와 달리 여왕이 있습니다. 여왕이 있는 이유는 바로 신라에만 있는 **골품제**라는 신분 제도 때문입니다.

골품제의 '골품'은 왕족 신분인 성골과 진골의 '뼈 골(骨)' 자와 왕족 신분이 아닌 사람들인 **6두품**부터 1두품까지의 '등급 품(品)' 자를 합친 말입니다.

성골은 말 그대로 '성스러운 뼈'를 타고난 사람이란 뜻으로, 왕족 중에서도 순수한 왕족 혈통을 가진 사람입니다. 왕위를 이어받을 수 있는 최고의 신분입니다. 진골은 쉽게 말해, 성스러울 정도는 아니지만 '진짜 뼈' 정도는 되는 왕족입니다. 왕위를 이어받을 수는 없고 높은 관직에 오를 수 있는 신분입니다.

진골 아래 두품은 여섯 계층으로 나뉩니다. 숫자가 높을수록 신분이 높습니다. 6두품은 진골처럼 높은 관직에 오르지는 못하지만 나라를 운영하는 일에는 참여할 수 있습니다. 지방을 관리하거나 군대를 지휘하는 관직까지 오를 수 있습니다. 5두품부터 4두품까지는 하급 관리 역할 중 일부를 맡을 수 있습니다. 그리고 3두품부터 1두품까지는 평민이나 다를 바 없는 계층입니다.

신라 사회는 골품제가 각각의 신분에 역할을 정해 놓아 안정적으로 유지되고 있다고 전문가들은 말합니다. 이 신분은 태어날 때부터 정해지는 거라 바꿀 수 없습니다. 성골 남성들이 없을 때는 성골 여성이 왕이 된 것입니다.

어려워서 소리 내어 읽었어요. | 흥미로워요. | 이해가 안 돼요. | 아는 내용이에요. | 놀라워요. | 더 알고 싶어요.

함께 읽어요 육두품 아이 성무의 꿈 | 김영주 | 푸른숲주니어 (4학년 이상)

월 일

한 문장 요약
신라의 골품제는 성골과 진골이라는 왕족, 6두품으로 나뉜 귀족과 평민 계층으로 이루어진 신분 제도이다.

초성 퀴즈
1. 신라의 신분 제도 ㄱㅍㅈ
2. 진골 바로 아래 신분 6ㄷㅍ

미니 퀴즈
1. 신라에만 여왕이 있었던 이유를 말해요.
2. 6두품은 어떤 신분인가요?

핵심어 뽑기
기사에서 핵심어 3개를 뽑아 보세요.

미니 논술
골품제로 인한 문제점은 없었을지 생각해 보세요.

520년
신라, 율령 반포

정답 **초성 퀴즈** 1. 골품제 2. 6두품 **미니 퀴즈** 1. 성골인 남자가 없어서 2. 높은 관직에 오를 수 없으나 나랏일에 참여할 수 있는 신분 **핵심어 예시** 골품제, 성골, 진골 등 **미니 논술** 신분의 제약으로 자기 능력을 발휘하지 못하는 사람들이 있을 것이다.

가야, 신라에 통합되다

철제 판갑옷

삼국에 비해서는 작지만 나름대로 잘 성장하고 있던 가야가 신라에 통합되었습니다. 금관가야에 이어 대가야까지 멸망한 것입니다.

가야는 여섯 가야가 연합한 연맹 왕국입니다. 가야 연맹을 이끌던 금관가야는 철을 팔아 많이 발전했지만, 400년에 고구려 광개토 대왕의 공격을 받아 큰 피해를 입었습니다. 이 뒤로 금관가야는 기울기 시작했고, 가야 연맹을 이끌지도 못했습니다. 이렇게 약해진 금관가야를 신라가 노렸습니다. 신라 법흥왕이 금관가야를 공격해서 차지하려 한 겁니다. 금관가야는 신라를 이길 수 없을 거라고 판단하여 532년에 항복했습니다. 법흥왕은 금관가야의 왕과 왕족들을 신라의 귀족으로 살게 했습니다.

신라는 대가야도 노렸습니다. 대가야는 금관가야가 힘을 잃은 후 가야 연맹을 이끌었습니다. 대가야는 꿋꿋하게 버텼지만 오래가지 못했습니다. 법흥왕에 이어 왕위에 오른 진흥왕이 562년, 대가야 정복에 나선 것입니다. 결국 대가야는 이사부 장군이 이끄는 신라군에게 멸망하고 말았습니다. 이로써 가야는 500여 년 역사의 막을 내렸습니다.

한편, 가야금을 만든 것으로 알려진 대가야의 악사 우륵의 행보가 사람들의 관심을 받고 있습니다. 우륵은 가실왕의 명령으로 여섯 가야를 통합하고자 가야의 각 지역명을 담아 12곡을 만든 사람입니다. 우륵은 대가야가 멸망하자 신라로 가서 음악을 전해 주고 있다고 합니다.

 어려워서 소리 내어 읽었어요.
 흥미로워요.
 이해가 안 돼요.
 아는 내용이에요.
 놀라워요.
 더 알고 싶어요.

함께 읽어요 철의 나라 가야 | 이현 | 휴먼어린이 (1학년 이상)

월   일

 한 문장 요약
신라가 532년에 금관가야, 562년에 대가야를 정복해 통합하며 가야의 500여 년 역사가 막을 내렸다.

 초성 퀴즈
1. 가야를 통합한 나라 ㅅㄹ
2. 가야 연맹 중 신라 진흥왕에게 무너진 나라 ㄷㄱㅇ

532년
신라, 금관가야 통합

562년
신라, 대가야 통합

미니 퀴즈
1. 금관가야 멸망 후 왕족들은 어떻게 되었나요?
2. 우륵이 어떤 사람인지 간단히 말해요.

 핵심어 뽑기
기사에서 핵심어 3개를 뽑아 보세요.

 미니 논술
네 나라는 같은 시기에 있었는데, 왜 가야를 빼고 삼국 시대라고 할까요?

정답 **초성 퀴즈** 1. 신라 2. 대가야 **미니 퀴즈** 1. 신라의 귀족이 되었다. 2. 대가야의 악사로, 가야금으로 12곡을 만든 사람이다.
핵심어 예시 연맹 왕국, 대가야, 우륵 등 **미니 논술** 가야는 연맹 왕국으로, 고구려, 백제, 신라처럼 하나의 국가로서 체계를 갖추지 못했기 때문일 것이다.

진흥왕, 순수비를 세우다

북한산 순수비

신라가 진흥왕의 영토 확장으로 전성기를 누리고 있습니다. 이번에는 진흥왕이 영토 확장을 기념하기 위해 순수비란 비석을 세우고 있다는 소식입니다.

진흥왕은 몸소 함경도 지방에 가서 비석을 세울 만한 자리를 보고 왔습니다. 영토를 넓힌 것을 기념하는 비석이니, 영토의 경계가 되는 곳에 세워야겠다고 생각하고 자리를 정했다고 합니다. 이에 따라 고구려의 영토를 정복해 신라의 영토로 만든 함경도에 황초령비와 마운령비를 세웠습니다. 이 비석들을 진흥왕 순수비라고 합니다. '순수'는 임금이 나라 안을 두루 살피며 돌아다니는 일을 뜻합니다. 즉, 신라 영토가 된 새로운 곳을 순수한 후에 비석을 세워 순수비라고 하는 것입니다.

순수비를 세우는 이유는 영토 확장을 기념하기 위해서만이 아닙니다. 순수비를 세움으로써 백성들의 마음을 돌아볼 수 있고, 전쟁에 참여해 공을 세운 사람들에 대한 공로를 되새길 수도 있습니다. 또, 임금과 신하가 이 모든 것을 함께 축하하자는 목적도 있습니다. 그래서 비석에 진흥왕의 업적과 이를 함께한 사람들의 관직과 이름을 새겨 놓았다고 합니다.

미래 기자의 말에 따르면, 진흥왕 순수비는 총 4기가 전해진다고 합니다. 황초령비, 마운령비와 함께 서울 북한산에 세운 북한산비, 경남 창녕에 세운 창녕비입니다. 이 중 북한산비는 국립중앙박물관으로 옮겨 보관하고 있다고 합니다.

 어려워서 소리 내어 읽었어요.
 흥미로워요.
 이해가 안 돼요.
 아는 내용이에요.
 놀라워요.
 더 알고 싶어요.

함께 읽어요 who? 한국사 : 진흥왕 | 최향숙 | 다산어린이 (5학년 이상)

월   일

한 문장 요약
진흥왕은 신라의 영토 확장을 기념하여 황초령비, 마운령비, 북한산비, 창녕비 등 총 4기의 순수비를 세웠다.

초성 퀴즈
1. 진흥왕이 새로 넓힌 영토를 돌아보고 세운 4기의 비석   ㅅㅅㅂ
2. 현재 국립중앙박물관으로 옮겨 보관하는 순수비   ㅂㅎㅅㅂ

568년
황초령비, 마운령비 건립

미니 퀴즈
1. '순수'란 어떤 뜻인가요?
2. 진흥왕이 순수비를 세운 이유는 무엇인가요?

핵심어 뽑기
기사에서 핵심어 3개를 뽑아 보세요.

미니 논술
내가 영토를 넓히고 비석을 세운다면 어떤 내용을 쓸지 생각해 보세요.

정답 **초성 퀴즈** 1. 순수비 2. 북한산비 **미니 퀴즈** 1. 왕이 나라 안을 두루 살피며 돌아다니는 일 2. 영토 확장을 기념하기 위해
핵심어 예시 진흥왕, 순수비, 황초령비 등 **미니 논술** 나의 일생과 내가 영토를 얼마나 넓혔는지 등에 대해 쓸 것이다.

32 | 선사 | 고조선 초기 국가 | **삼국** | 남북국 | 고려 | 조선 | 대한 제국 일제 강점기 | 대한민국

삼국이 모두 원하는 곳, 한강!

한강

고구려, 백제, 신라는 전성기를 맞이하여 한창 성장한 시기가 각각 있습니다. 세 나라가 전성기를 맞이한 시기는 다르지만, 한강 유역을 차지한 시기라는 공통점이 있습니다. 삼국의 전성기는 왜 한강을 차지했을 때였는지 알아보겠습니다.

첫째, 한강은 경제적으로 중요합니다. 한강 유역은 땅이 기름져 농사가 잘되고, 넓은 평지가 있어 경제 활동을 활발히 할 수 있습니다. 한강은 동쪽의 북한강과 남한강이 만나 큰 물줄기로 흐르는 강입니다. 예로부터 한강은 사람과 물건이 이동하는 교통로였으며, 서해로 이어져 중국으로 가는 뱃길이기도 했습니다. 한강을 차지한다는 건 상업과 무역의 중심지를 갖는다는 것과 같습니다.

둘째, 한강은 군사적으로 중요합니다. 한반도 중심에 있는 한강을 차지하면, 공격과 방어에 모두 유리합니다. 강을 건너 공격할 수도 있고, 적군이 강을 건너지 못하게 방어하기도 쉽습니다. 또, 한강을 막으면 다른 나라가 침입하는 것도 막을 수 있습니다.

마지막으로, 정치적으로 의미가 있습니다. 한강을 교통로로 이용해 지방 곳곳으로 왕의 명령을 전달해 왕의 지배력을 강화할 수 있습니다. 또, 외국 사신과 교류하는 모습을 보여 줘서 백성들에게 나라의 힘이 커지고 있는 걸 알릴 수도 있습니다.

한강이 이렇게 중요하다 보니, 한강을 차지하려는 삼국의 싸움도 치열했습니다. 그리고 한강 유역을 차지한 순서대로 백제, 고구려, 신라가 차례로 전성기를 맞이했습니다.

 어려워서 소리 내어 읽었어요.
 흥미로워요.
 이해가 안 돼요.
 아는 내용이에요.
 놀라워요.
 더 알고 싶어요.

함께 읽어요 역사가 흐르는 강 한강 | 강응천 | 웅진주니어 (1학년 이상)

월　　일

한 문장 요약
삼국이 한강 유역을 차지하려 했던 이유는 한강이 경제적, 군사적, 정치적으로 중요하기 때문이다.

초성 퀴즈
1. 삼국이 전성기 때 공통으로 차지했던 곳　ㅎㄱ
2. 삼국의 전성기 순서　ㅂㅈ, ㄱㄱㄹ, ㅅㄹ

553년
신라,
한강 유역
차지

미니 퀴즈
1. 삼국은 왜 한강을 차지하려고 했나요?
2. 한강은 동쪽의 어떤 강들이 만나 큰 물줄기를 이루나요?

핵심어 뽑기
기사에서 핵심어 3개를 뽑아 보세요.

미니 논술
지금의 한강과 그 주변은 어떤 역할을 하고 있는지 조사해 보세요.

정답　**초성 퀴즈** 1. 한강 2. 백제, 고구려, 신라　**미니 퀴즈** 1. 경제적으로, 군사적으로, 정치적으로 중요해서 2. 북한강과 남한강
핵심어 예시 삼국, 한강, 전성기 등　**미니 논술** 다리가 놓여 이동이 편리하고 사람들이 놀거나 쉬는 유원지가 많다.

을지문덕, 수의 백만 대군을 물리쳐라!

살수 대첩

   을지문덕 장군이 고구려를 쳐들어온 수나라를 멋지게 몰아냈습니다.

   수는 오랫동안 나뉘어 있던 중국을 통일한 강한 나라입니다. 그런 수의 첫 번째 황제인 문제가 고구려를 공격한 것입니다. 이유는 자기 나라를 섬기지 않아서라고 합니다. 황당한 이유이지만 알고 보니, 수나라 문제는 고구려뿐 아니라 다른 나라에게도 예물을 바칠 것을 요구했다고 합니다.

   수문제는 598년에 무려 30만의 군사를 이끌고 쳐들어왔습니다. 사실 고구려는 수가 쳐들어올 것을 예상했습니다. 그래서 고구려의 영양왕이 먼저 공격하자 이에 대한 대응으로 수나라 문제가 쳐들어온 겁니다. 다행히도 장마가 시작되고 전염병까지 돌아 전쟁은 수나라에게 쉽지 않게 전개되었습니다. 고구려군은 수나라 군사에 철저히 맞서 물리쳤습니다.

   612년, 수나라는 또 고구려에 쳐들어왔습니다. 이때 수의 황제는 수양제였습니다. 수양제는 전보다 더 많은 113만 군사를 데리고 준비를 단단히 해서 왔습니다. 하지만 고구려에는 을지문덕 장군이 딱 버티고 있었습니다.

   을지문덕의 전술은 실로 대단했습니다. 수군이 압록강을 건너 공격해 올 때, 고구려군은 여러 차례 후퇴하는 척하여 적의 힘이 빠지게 했습니다. 수군은 고구려군의 뒤꽁무니를 쫓고 쫓다 결국 지쳐서 자기 나라로 되돌아가려고 했습니다. 이때 고구려군이 뒤에서 공격해 수군을 크게 무찔렀습니다. 살수강에서 벌어진 이 전쟁을 **살수 대첩**이라고 합니다.

 어려워서 소리 내어 읽었어요. 흥미로워요. 이해가 안 돼요. 아는 내용이에요. 놀라워요. 더 알고 싶어요.

함께 읽어요   살수대첩과 사라진 삼족오 | 한정영 | 리틀씨앤톡 (5학년 이상)

월 일

한 문장 요약
수가 많은 군사를 이끌고 고구려를 공격했으나, 을지문덕 장군이 살수 대첩을 이끌며 수를 크게 무찔렀다.

612년
살수 대첩

초성 퀴즈
1. 고구려를 공격한 수문제, 수양제가 황제였던 나라 ㅅ
2. 고구려가 살수강에서 수군의 공격을 무찌른 전쟁 ㅅㅅ ㄷㅊ

미니 퀴즈
1. 수문제가 고구려에 쳐들어온 이유는 무엇인가요?
2. 을지문덕 장군이 살수 대첩에서 펼친 전술을 설명해요.

핵심어 뽑기
기사에서 핵심어 3개를 뽑아 보세요.

미니 논술
우리 군사보다 더 많은 군사를 몰고 온 나라를 물리칠 방법은 무엇일까요?

정답 **초성 퀴즈** 1. 수 2. 살수 대첩 **미니 퀴즈** 1. 자기 나라를 섬기지 않아서
2. 여러 차례 후퇴하는 척을 하여 적이 쫓아오다 힘이 빠져 물러갈 때 뒤에서 공격했다.
핵심어 예시 을지문덕, 수, 살수 대첩 등 **미니 논술** 스스로 물러가도록 전술을 잘 짜야 한다.

신라 최초의 여왕이 탄생하다

분황사 모전석탑

신라에서 처음으로 여성이 왕위에 올랐다는 소식입니다. 한반도 역사상 처음 있는 일입니다. **선덕 여왕**은 어떻게 신라 최초의 여왕이 됐고, 어떻게 나라를 다스렸는지 알아보겠습니다.

신라의 26대 왕 진평왕이 632년에 세상을 떠났습니다. 다음 왕위를 이을 사람이 필요한데 성골인 남성이 없었습니다. 그래서 진평왕의 딸로 성골인 선덕 여왕이 왕위에 오르게 됐습니다. 신라는 성별보다 '골'을 더 중요하게 보는 골품제가 있었기 때문입니다.

선덕 여왕이 27대 왕이 되자 일부 귀족들은 어떻게 여성이 왕이 될 수 있느냐며 불만을 표시하고 있습니다. 중국 당에서도 여왕이라며 무시하고 있습니다.

선덕 여왕은 이런 시끄러운 분위기에도 나라를 잘 이끌어 가고 있습니다. 김유신과 김춘추의 지원으로 말이지요. 어려운 백성을 찾아 돕고 세금도 줄여 주고 있습니다. 백성들이 농사를 잘 짓고 편히 살 수 있도록 돕기 위해 천문 관측대인 첨성대도 짓고 있습니다.

또 선덕 여왕은 왕의 권위를 높이는 데 불교를 활용하고 있습니다. 분황사라는 절을 새로 지었고, 중국, 왜 등 주변에 있는 아홉 나라의 침입을 막고자 하는 바람으로 황룡사 9층 목탑을 세우고 있습니다. 선덕 여왕은 신라의 왕으로 점차 인정받으며 나라를 잘 이끌고 있습니다.

 어려워서 소리 내어 읽었어요.
 흥미로워요.
 이해가 안 돼요.
 아는 내용이에요.
 놀라워요.
 더 알고 싶어요.

함께 읽어요 선덕 여왕 | 남찬숙 | 비룡소 (2학년 이상)

월   일

한 문장 요약
신라 최초의 여왕인 선덕 여왕이 일부 귀족의 불만과 당의 무시에도 불구하고, 김유신과 김춘추의 지원을 받아 나라를 잘 이끌고 있다.

632년
선덕 여왕 즉위

초성 퀴즈
1. 신라 최초의 여왕 ㅅㄷ ㅇㅇ
2. 선덕 여왕이 주변 나라의 침입을 막고자 세운 목탑 ㅎㄹㅅ 9ㅊ ㅁㅌ

미니 퀴즈
1. 선덕 여왕이 왕의 자리에 오른 이유는 무엇인가요?
2. 선덕 여왕은 왜 첨성대를 세웠나요?

핵심어 뽑기
기사에서 핵심어 3개를 뽑아 보세요.

미니 논술
귀족들은 왜 여왕을 반대했을까요?

정답
초성 퀴즈 1. 선덕 여왕 2. 황룡사 9층 목탑
미니 퀴즈 1. 성골인 남자가 없어서 2. 백성들이 농사를 잘 짓고 편히 살 수 있도록 돕기 위해서
핵심어 예시 선덕 여왕, 첨성대, 분황사 등 **미니 논술** 여성이 나라를 잘 다스리지 못할 거라는 편견 때문일 것이다.

당태종이 고구려를 공격하지 말라고 한 까닭은?

수당 전쟁

당이 고구려를 쳐들어왔습니다. 당나라 태종은 **연개소문**이 왕을 내쫓은 뒤 허수아비 왕을 세우고 권력을 잡은 것에 트집을 잡았습니다. 645년, 엄청나게 많은 군사들을 이끌고 고구려를 공격했습니다. 그런데 고구려는 멋지게 당을 몰아냈습니다.

당태종의 군사는 훈련이 잘되어 있었습니다. 게다가 고구려에 대한 정보도 몰래 많이 알아낸 상태였습니다. 많은 준비를 한 당나라 군사는 고구려 여러 지역을 차례로 함락시켰습니다.

당태종이 다음으로 노린 곳은 안시성이었습니다. 당나라 군사는 안시성을 완전히 포위하고 하루에도 여러 번 공격했습니다. 안시성의 성주와 백성들은 온 힘을 다해 성을 지켰습니다. 연개소문도 평양성에서 지원군을 보냈습니다. 전투가 무려 석 달 가까이 이어지자 당나라 군사는 지치고 말았습니다. 결국 당태종은 고구려에서 물러갔습니다. 안시성의 성주와 백성이 당나라 군사에 굳세게 맞서 끝내 성을 지켜 낸 것입니다. 막강한 군대 앞에서도 꺾이지 않는 고구려인들의 용기를 보여 준 이 자랑스러운 전투가 바로 **안시성 전투**입니다.

당태종은 당나라에서 매우 훌륭한 황제로 꼽히는 사람입니다. 당태종은 고구려를 침략한 이후에 병을 얻어 세상을 떠났습니다. 유언처럼 '고구려는 절대 공격하지 말라.'는 당부를 남겼다고 합니다.

 어려워서 소리 내어 읽었어요.
 흥미로워요.
 이해가 안 돼요.
 아는 내용이에요.
 놀라워요.
 더 알고 싶어요.

함께 읽어요 삼국 역사 속 숨은 영웅들 | 김은빈 | 뜨인돌어린이 (5학년 이상)

| | 월 일 |

한 문장 요약
당태종이 대군을 이끌고 고구려를 공격했으나, 안시성에서 고구려가 강력히 저항해 물리쳤다.

645년
안시성 전투

초성 퀴즈
1. 당태종이 침략의 구실로 삼은, 왕을 내쫓고 권력을 잡은 인물 ㅇㄱㅅㅁ
2. 고구려가 당군의 침략을 막아 낸 전투 ㅇㅅㅅ ㅈㅌ

미니 퀴즈
1. 안시성을 지킬 수 있었던 이유를 말해요.
2. 안시성 전투는 어떤 점에서 자랑스럽다고 말할 수 있나요?

핵심어 뽑기
기사에서 핵심어 3개를 뽑아 보세요.

미니 논술
안시성 전투는 어떤 점에서 고구려에게 의미가 있을까요?

정답 **초성 퀴즈** 1. 연개소문 2. 안시성 전투 **미니 퀴즈** 1. 성주와 백성이 버티며 막아서 2. 강한 군대를 가진 당을 물리쳤다는 점
핵심어 예시 연개소문, 안시성, 당태종 등 **미니 논술** 나라의 위기를 넘기며 고구려의 강인함을 알렸다는 의미가 있다.

백제 장군 계백, 황산벌에서 쓰러지다

계백

660년, 백제가 멸망했습니다. 백제는 당과 연합한 신라에게 공격을 당해 무너졌습니다. 백제가 멸망하게 된 자세한 소식 전해 드립니다.

삼국을 통일하고 싶어 했던 신라는 당과 손을 잡고 먼저 백제를 공격했습니다. 당나라 군사와 신라군이 한번에 밀고 들어오는 것에 당황한 백제 의자왕은 황급히 군대를 꾸렸습니다. **계백** 장군이 앞장서 5,000명으로 이뤄진 군대를 만들었습니다.

가장 큰 전투는 황산벌에서 벌어졌습니다. 김유신 장군이 이끄는 신라군은 무려 5만 명이었습니다. 백제군은 온 힘을 다해 싸워 신라군을 여러 차례 물리쳤습니다. 하지만 신라는 우수한 화랑인 관창과 반굴의 희생으로 다시 힘을 얻고 백제를 총공격했습니다. 결국 백제군은 무너지고 계백 장군도 전사했습니다. 이 전투가 바로 **황산벌 전투**입니다. 이 뒤 신라는 당군과 함께 사비성을 함락했고, 의자왕이 항복하며 백제는 멸망했습니다.

한편, 계백 장군의 가족 이야기가 사람들의 입에 오르내리고 있습니다. 계백은 전투에 나가기 전 패배할 가능성이 높다고 판단했던 것 같습니다. 전쟁에서 지면 가족이 신라에 노예로 끌려갈 것을 걱정했습니다. 그래서 눈물을 머금고 자기 손으로 가족들의 목숨을 거두고 전투에 나갔다고 합니다.

계백의 행동을 두고, 나라를 향한 충성심의 표현이라고 높게 평가하는 이가 있습니다. 반면 가족들의 목숨을 함부로 한 행동이라며 비판하는 이들도 있습니다.

 어려워서 소리 내어 읽었어요. 흥미로워요. 이해가 안 돼요. 아는 내용이에요. 놀라워요. 더 알고 싶어요.

함께 읽어요 백제 최후의 날 | 박상기 | 비룡소 (4학년 이상)

| 월 | 일 |

한 문장 요약
백제의 계백 장군이 황산벌 전투에서 신라군에 용감히 맞서다 전사했고, 그 뒤로 백제는 멸망했다.

660년
백제 멸망

초성 퀴즈
1. 5,000명의 군사와 함께 신라군에 맞서 싸운 백제 장군 ㄱㅂ
2. 백제군과 신라군이 가장 치열하게 싸웠던 전투 ㅎㅅㅂ ㅈㅌ

미니 퀴즈
1. 황산벌 전투의 결과를 말해요.
2. 계백 장군은 전투에 나가기 전에 무슨 일을 했나요?

핵심어 뽑기
기사에서 핵심어 3개를 뽑아 보세요.

미니 논술
가족의 목숨을 거두고 전투에 나간 계백 장군에 대한 의견을 말해요.

정답 **초성 퀴즈** 1. 계백 2. 황산벌 전투 **미니 퀴즈** 1. 계백이 전사했고, 백제가 멸망했다. 2. 가족의 목숨을 자기 손으로 거뒀다.
핵심어 예시 계백, 황산벌, 백제 등 **미니 논술** 노비가 되더라도 자신의 목숨은 스스로 결정할 수 있어야 했다.

충격의 고구려 멸망, 진짜 이유는?

고구려의 짐승 얼굴무늬 수막새

668년 고구려가 멸망했다는 소식입니다. 8년 전 백제가 멸망했던 것처럼 이번 전쟁도 **나당 연합군**, 즉 신라와 당의 연합군에 의해 일어났습니다. 고구려는 이 전쟁에서 패배해 역사 속으로 사라지게 되었습니다.

고구려는 삼국 중에서도 강인함을 과시했던 나라였습니다. 그런데 이즈음 수와 당의 침입이 계속 이어져 다소 약해져 있었습니다. 645년에는 당태종이 쳐들어온 일이 있었습니다. 고구려는 당나라 군사를 물리쳤지만 피해를 입었습니다. 무엇보다 나라 안에서 일어난 권력 싸움도 고구려를 약하게 만들었습니다. 고구려는 안팎으로 불안정한 상태였던 겁니다.

660년, 백제가 나당 연합군에 무너진 뒤, 고구려는 계속 압박을 받았습니다. 그런 가운데 665년에 연개소문이 세상을 떠났습니다. 연개소문의 아들들이 서로 권력을 차지하려고 싸우기 시작하자 신라와 당이 움직였습니다. 두 나라는 양쪽에서 밀고 들어왔습니다. 그렇지 않아도 혼란스러웠던 고구려는 외부의 공격에 잘 대응하지 못했습니다. 결국 고구려의 마지막 도읍 평양성이 나당 연합군에게 정복당했습니다. 고구려의 마지막 왕인 **보장왕**이 나당 연합군에 항복했고, 귀족들은 항복하거나 도망을 갔습니다.

동아시아의 강국이었던 고구려가 멸망했다는 소식은 많은 사람에게 충격을 주고 있습니다. 앞으로 고구려인들은 어떻게 될지 관심이 모아지고 있습니다.

 어려워서 소리 내어 읽었어요.
 흥미로워요.
 이해가 안 돼요.
 아는 내용이에요.
 놀라워요.
 더 알고 싶어요.

함께 읽어요 꼬마 낭도와 삼국 통일 | 김희남 | 천개의바람 (1학년 이상)

월 일

한 문장 요약
668년, 계속된 전쟁과 내부 권력 다툼으로 약해진 고구려가 나당 연합군의 공격을 받아 멸망했다.

초성 퀴즈
1. 신라와 당이 연합한 군대　ㄴㄷ ㅇㅎㄱ
2. 고구려의 마지막 왕　ㅂㅈㅇ

미니 퀴즈
1. 고구려가 나당 연합군에 잘 대응하기 어려웠던 이유는 무엇인가요?
2. 고구려의 마지막 왕으로, 나당 연합군에 항복한 왕은 누구인가요?

핵심어 뽑기
기사에서 핵심어 3개를 뽑아 보세요.

미니 논술
신라는 왜 백제와 고구려를 무너뜨리는 데 당의 도움을 받았을까요?

668년
고구려 멸망

정답 **초성 퀴즈** 1. 나당 연합군 2. 보장왕　**미니 퀴즈** 1. 수와 당의 침입으로 약해지고 권력 다툼으로 나라가 불안정해서 2. 보장왕　**핵심어 예시** 나당 연합군, 고구려 멸망, 평양성 함락 등　**미니 논술** 신라만의 힘으로는 부족하다고 생각했기 때문이다.

당을 물리치고 삼국을 통일한 신라

삼국을 통일한 신라

　백제와 고구려가 무너졌다는 소식이 연일 화제가 되고 있습니다. 그간 삼국은 숱하게 다투어 왔지만 실제로 나라가 무너진 적은 없어 많은 사람들이 놀라고 있습니다. 그런데 이번에는 신라에 위기가 닥쳤습니다.

　백제와 고구려가 멸망한 뒤, 당이 드디어 속셈을 드러냈습니다. 당은 백제와 고구려 땅을 차지하고 한반도 전체를 지배하려고 했습니다. 신라의 문무왕이 이 사실을 알고는 당을 공격했습니다. 당도 가만있지 않았습니다. 신라와 당의 싸움, 즉 **나당 전쟁**이 벌어진 겁니다.

　신라와 당은 크고 작은 전투를 벌였고, 결국 신라가 승리했습니다. 이후 당나라 군은 되돌아갔습니다. 그리고 신라는 676년 마침내 **삼국 통일**을 이뤘습니다.

　신라는 삼국 통일의 뜻을 이뤘지만, 부족한 점이 있었습니다. 바로 신라가 차지한 땅이 삼국을 모두 합친 만큼이 아니었다는 겁니다. 고구려 땅이던 요동과 만주는 당나라의 차지가 되었습니다. 신라가 고구려와 백제를 공격할 때 당의 도움을 받았던 게 문제였습니다. 이런 점 때문에 신라의 삼국 통일은 불완전한 통일이라는 의견이 나오고 있습니다.

　삼국 통일에 큰 역할을 한 사람은 김춘추, 김유신, 문무왕입니다. 김춘추는 나당 연합을 추진해 삼국 통일의 발판을 만들었고, 김유신은 화랑 출신으로 삼국 통일을 위한 전쟁에서 힘을 썼습니다. 문무왕은 나당 전쟁을 승리로 이끌어 삼국 통일을 완성했습니다.

어려워서 소리 내어 읽었어요.	흥미로워요.	이해가 안 돼요.	아는 내용이에요.	놀라워요.	더 알고 싶어요.

함께 읽어요 삼국을 넘어 하나로 삼국 통일 | 이현 | 휴먼어린이 (1학년 이상)

월 일

한 문장 요약
백제와 고구려가 무너진 뒤, 신라는 나당 전쟁을 벌여 당을 몰아내고 삼국을 통일했다.

676년
신라, 삼국 통일

초성 퀴즈
1. 신라와 당의 싸움 ㄴㄷ ㅈㅈ
2. 신라가 백제, 고구려를 무너뜨리고 당을 물리쳐 이룬 것 ㅅㄱ ㅌㅇ

미니 퀴즈
1. 삼국 통일에 공을 세운 사람들을 말해요.
2. 삼국 통일을 불완전한 통일이라고 말하는 까닭은 무엇인가요?

핵심어 뽑기
기사에서 핵심어 3개를 뽑아 보세요.

미니 논술
신라가 삼국 통일을 한 것은 우리 민족에게 어떤 의미가 있을까요?

정답 **초성 퀴즈** 1. 나당 전쟁 2. 삼국 통일 **미니 퀴즈** 1. 김춘추, 김유신, 문무왕 2. 고구려 땅 일부를 당에게 빼앗겨서
핵심어 예시 나당 전쟁, 삼국 통일, 김춘추 등 **미니 논술** 우리 민족 최초의 통일로, 하나의 민족이라는 의식을 갖게 되었다.

대조영, 발해를 세우다

동모산

　신라가 백제와 고구려를 무너뜨리고 삼국을 통일했다는 소식을 전해 드린 적이 있습니다. 그런데 고구려 백성들이 다시 새로운 나라를 세웠다고 합니다. 대조영이란 인물이 앞장서 세운 나라, 바로 **발해**입니다.

　고구려를 멸망시킨 당나라는 고구려의 지배층을 당의 여러 곳으로 강제로 옮겨가 살게 했습니다. 대조영도 그중 한 사람으로, 요서 지방의 영주로 끌려가 살고 있었습니다. 나라가 멸망하면 나라 잃은 백성, 즉 유민들은 보통 상대 나라의 가혹한 통치 속에 살게 됩니다. 힘든 삶을 사는 고구려 유민들을 본 대조영은 더 이상 참을 수 없었습니다.

　대조영은 고구려 유민과 당나라의 통치에 불만을 품고 있던 말갈족을 이끌고 영주를 탈출했습니다. 대조영은 추격하는 당군을 물리치고 **동모산**에 도읍을 정하고 698년에 발해를 건국했습니다. 고구려가 멸망한 지 30년 만의 일입니다.

　발해의 백성은 고구려 유민과 말갈족입니다. 그런데 고구려 장수였던 대조영을 비롯해 지배층의 상당수가 고구려인입니다. 그래서 발해를 고구려 문화의 특징을 이어받은 나라로 보는 경우가 많습니다. 발해 스스로도 고구려를 계승한 나라라고 내세우고 있습니다.

　한편, 발해 남쪽에는 삼국을 통일한 신라가 승승장구하고 있습니다. 미래 기자의 말에 따르면, 이 시기를 남쪽에는 신라, 북쪽에는 발해가 있다 해서 남북국 시대라고 부른다고 합니다.

 어려워서 소리 내어 읽었어요.
 흥미로워요.
 이해가 안 돼요.
 아는 내용이에요.
 놀라워요.
 더 알고 싶어요.

함께 읽어요 삼국 통일과 발해의 꿈 | 양해원 | 스푼북 (4학년 이상)

월 일

한 문장 요약

고구려 멸망 후 698년에 대조영이 발해를 세우며 남쪽에는 신라, 북쪽에는 발해가 있는 남북국 시대가 시작됐다.

초성 퀴즈

1. 고구려 장수였던 대조영이 세운 나라 ㅂㅎ
2. 발해의 첫 도읍 ㄷㅁㅅ

698년
발해 건국

미니 퀴즈

1. 대조영이 고구려를 이은 나라를 세우고 싶어 한 이유를 말해요.
2. 발해는 어떤 민족으로 이루어져 있나요?

핵심어 뽑기

기사에서 핵심어 3개를 뽑아 보세요.

미니 논술

발해가 고구려를 이은 나라라고 생각한다면 그 이유가 무엇인지 말해요.

정답 **초성 퀴즈** 1. 발해 2. 동모산 **미니 퀴즈** 1. 고구려 유민들이 당으로 끌려가 힘들게 사는 모습을 보고 2. 고구려 유민과 말갈족 **핵심어 예시** 대조영, 발해, 동모산 등 **미니 논술** 지배층이 대부분 고구려인이고 고구려의 문화를 이어받았기 때문이다.

이제 발해는 해동성국!

발해의 전성기 영토

　대조영이 세운 발해가 멋지게 성장하고 있습니다. **선왕**이 발해의 전성기를 이끄는 것입니다. 바다 동쪽의 번성한 나라라는 뜻의 **해동성국**이라는 이름까지 얻었습니다.

　발해를 세운 대조영이 세상을 떠나고 아들 무왕이 왕위를 이어받았습니다. 군사적 능력이 뛰어났던 무왕은 동북쪽을 공격해 발해의 땅으로 만들었습니다. 그러자 당나라가 견제를 시작했습니다. 발해는 움츠리지 않고 고구려의 후예답게 용맹하게 맞섰습니다.

　다음으로 왕위에 오른 문왕은 수도를 상경성으로 옮기며 나라를 더 발전시켰습니다. 뛰어난 외교적 능력을 발휘해, 그동안 사이가 좋지 않았던 당과 화해하고 당의 문물을 받아들였습니다. 고구려를 무너뜨려 원수 같았던 신라와도 교류를 시작했습니다.

　이후 818년 선왕이 10대 왕의 자리에 올랐습니다. 선왕은 요동과 연해주까지 힘을 뻗고, 남쪽으로는 신라와 국경을 맞댈 정도로 영토를 최대로 넓혔습니다. 발해의 전성기를 연 것입니다. 이제 발해는 당을 비롯한 주변 나라들에게 해동성국이라고 불리고 있습니다. 나라를 잃은 고구려 유민이 150여 년 만에 다시 강성한 나라를 만든 것입니다.

　발해는 상경을 포함해 중경, 동경, 남경, 서경 등 각기 다른 역할을 하는 도시가 다섯 개입니다. 이를 5경이라 합니다. 영토가 넓으니 5경을 두어 나라를 다스린 겁니다. 그리고 상경을 중심으로 낸 길을 통해 당, 거란, 일본, 신라 등을 오가며 무역을 활발하게 하고 있습니다.

 어려워서 소리 내어 읽었어요.   흥미로워요.   이해가 안 돼요.   아는 내용이에요.   놀라워요.   더 알고 싶어요.

함께 읽어요 해동성국 발해 | 이현 | 휴먼어린이 (1학년 이상)

월 일

한 문장 요약
발해는 무왕과 문왕이 힘을 키우고, 선왕 때에 최대 영토를 차지해 해동성국이라 불리기도 했다.

초성 퀴즈
1. 발해의 전성기를 이끈 왕 ㅅㅇ
2. 바다 동쪽의 번성한 나라라는 뜻의 말 ㅎㄷㅅㄱ

미니 퀴즈
1. 무왕은 어떤 일을 했나요?
2. 발해의 5경을 말해요.

핵심어 뽑기

기사에서 핵심어 3개를 뽑아 보세요.

미니 논술
고구려 유민들에게 발해가 해동성국으로 불리는 것은 어떤 의미일까요?

818년
발해,
선왕 즉위

정답 **초성 퀴즈** 1. 선왕 2. 해동성국 **미니 퀴즈** 1. 동북쪽을 공격해 발해 땅으로 만들었다. 2. 상경, 중경, 동경, 남경, 서경
핵심어 예시 발해, 해동성국, 선왕 등 **미니 논술** 무너진 나라가 다시 번성해서 자부심이 생겼을 것이다.

떴다! 해상왕 장보고

완도 청해진

　삼국을 통일한 신라에서 장보고라는 인물이 연일 화제입니다. 사람들은 장보고를 **해상왕**이라고 부릅니다. 왜 이런 별명이 붙었으며 어떤 일을 했는지 알아보겠습니다.

　장보고는 평민 출신으로, 스무 살 무렵에 당나라로 건너갔습니다. 말 타기, 활 쏘기, 수영 등을 잘했던 장보고는 당나라에서 군인이 되었습니다. 장보고가 군인으로서 실력을 뽐내며 이름을 높여 가던 어느 날이었습니다. 장보고는 신라인들이 해적들에게 잡혀 와 노예로 팔리는 걸 보고 매우 놀랐습니다. 장보고는 이를 두고볼 수 없었습니다.

　신라로 돌아온 장보고는 흥덕왕을 찾아가 해적을 소탕하려 한다며 허락해 달라고 했습니다. 흥덕왕은 이를 허락했습니다. 그리고 군사 1만 명을 보내 주며, 미래의 완도인 청해에 해상 기지 **청해진**을 설치하게 했습니다. 장보고는 청해진의 최고 직급인 대사로 임명됐습니다.

　청해진 대사가 된 장보고는 해적을 모두 물리쳤습니다. 장보고 덕분에 해적이 사라지고 바다에 평화가 찾아왔습니다. 그러자 배들이 활발하게 오가며 무역을 하기 시작했습니다. 장보고도 일본과 당을 상대로 무역을 해 큰돈을 벌어들였습니다. 그야말로 바다의 왕, 해상왕이 된 것입니다.

　미래 기자의 말에 따르면, 장보고가 활약했던 완도 지역에는 장보고 동상과 청해진 유적지가 있습니다. 또한 해마다 장보고를 기억할 수 있는 축제도 열린다고 합니다.

 어려워서 소리 내어 읽었어요.
 흥미로워요.
 이해가 안 돼요.
 아는 내용이에요.
 놀라워요.
 더 알고 싶어요.

함께 읽어요　장보고 | 이옥수 | 비룡소 (2학년 이상)

월   일

한 문장 요약
통일 신라 시대에 장보고는 청해진을 설치한 뒤 해적을 소탕하고 무역으로 큰돈을 벌어, 해상왕으로 불렸다.

초성 퀴즈
1. 바다에서 활약한 장보고를 이르는 말   ㅎㅅㅇ
2. 장보고가 해적을 소탕하기 위해 청해에 세운 해상 기지   ㅊㅎㅈ

미니 퀴즈
1. 장보고가 한 일을 간단히 말해요.
2. 당에서 장보고는 무엇을 목격했나요?

핵심어 뽑기
기사에서 핵심어 3개를 뽑아 보세요.

미니 논술
흥덕왕이 장보고에게 1만 군사를 내어 준 까닭은 무엇일지 말해요.

828년
신라, 청해진 설치

정답 **초성 퀴즈** 1. 해상왕 2. 청해진 **미니 퀴즈** 1. 해적을 소탕하고 무역을 했다. 2.당에 끌려와 노예로 팔리는 신라인
핵심어 예시 장보고, 해상왕, 청해진 등 **미니 논술** 해적을 소탕하여 신라를 안정시키기 위해서였을 것이다.

신라를 바꾸고 싶었던 최치원의 꿈과 좌절

최치원

요즘 신라가 매우 혼란스럽습니다. 이런 와중에 **최치원**이라는 인물이 왕에게 신라를 더 나은 나라로 바꾸기 위한 제안을 했습니다.

신라는 진성 여왕을 51대 왕으로 맞이했습니다. 선덕 여왕, 진덕 여왕에 이은 세 번째 여왕입니다. 그런데 나라가 매우 어지럽습니다. 귀족들은 권력 싸움을 하기 바쁘고, 농민들은 살기 힘들어 반란을 일으켰습니다. 진성 여왕은 나라를 안정시키려고 노력했으나 쉽지 않았습니다.

진성 여왕은 당나라에서 관직을 얻어 이름을 날리던 최치원을 불러들여, 약해지는 신라를 위한 개혁안을 올리라고 했습니다. 그러자 최치원은 나라를 지킬 군사의 힘을 키울 것, 법을 엄격하게 만들어 사회 질서를 유지할 것 등을 제안하는 **시무책 10조**를 올렸습니다. 진성 여왕은 이를 받아들이고 6두품인 최치원을 6두품 중에서 가장 높은 관직에 앉혔습니다. 하지만 귀족들의 반대로 최치원이 제안한 개혁은 이루어지지 못했습니다.

최치원은 어릴 때부터 매우 똑똑했습니다. 열두 살에 당으로 유학을 가 6년 만에 과거 시험까지 합격했습니다. 그리고 신라로 돌아와 개혁안을 올렸는데 받아들여지지 않은 것입니다. 나라의 중요한 일을 결정하는 데 참여할 수 없는 6두품이라서 그랬을지도 모릅니다. 미래 기자의 말에 따르면, 최치원은 이후 관직을 버리고 숨어 살았습니다. 신라에는 최치원처럼 자기 능력을 펼치지 못한 6두품 인재들이 많다고 합니다.

 어려워서 소리 내어 읽었어요.
 흥미로워요.
 이해가 안 돼요.
 아는 내용이에요.
 놀라워요.
 더 알고 싶어요.

함께 읽어요 신선이 된 문장가, 최치원 | 김경희 | 키위북스 (5학년 이상)

월 일

한 문장 요약

최치원이 진성 여왕에게 시무책 10조를 제안했으나, 귀족들의 반대로 실현되지 않았다.

초성 퀴즈

1. 진성 여왕 때 나라를 바꾸자는 개혁안을 올린 신하 ㅊㅊㅇ
2. 최치원이 나라를 바꾸기 위해 올린 개혁안 이름 ㅅㅁㅊ 10ㅈ

미니 퀴즈

1. 최치원의 신분은 무엇이었나요?
2. 최치원이 올린 개혁안은 결과적으로 어떻게 되었나요?

894년
최치원, 시무책 10조 상소

핵심어 뽑기

기사에서 핵심어 3개를 뽑아 보세요.

미니 논술

귀족들이 최치원의 시무책 10조를 반대한 이유는 무엇일까요?

정답 **초성 퀴즈** 1. 최치원 2. 시무책 10조 **미니 퀴즈** 1. 6두품 2. 받아들여지지 않았다.
핵심어 예시 최치원, 진성 여왕, 시무책 10조 등 **미니 논술** 자신들의 권력이 약화되고 경제적 이익이 줄까 봐 반대했을 것이다.

견훤, 후백제를 세우다

김제 금산사

견훤이 **후백제**를 세웠다는 소식이 들어왔습니다. 신라가 삼국을 통일한 이래 한반도에 생긴 엄청난 변화입니다.

신라의 중앙 정부가 흔들리는 틈을 타서, 지방에 힘을 가진 자들이 나타나기 시작했습니다. 이런 사람들을 호족이라고 합니다. 호족들은 자기를 따르는 사람들을 모아 힘을 키워 갔습니다. 견훤도 그런 호족들 중 한 사람입니다. 견훤은 옛 백제 땅인 무진주를 점령한 후 조금씩 힘을 키워 갔습니다. 그러다 900년 완산주에 수도를 정하고 후백제를 세우더니 스스로 왕이 되었습니다. 무진주와 완산주는 미래의 전라도 광주와 전주입니다.

견훤은 군사력을 키우고 땅도 넓혀 가면서 후백제를 빠르게 발전시키고 있습니다. 당과 활발히 교류하며 문물을 받아들여 문화도 발달시키고 있습니다.

미래 기자의 말에 따르면, 후백제는 전라도, 충청도, 경상도 서부 지역까지 영토를 늘리며 승승장구합니다. 하지만 금세 혼란에 빠진다고 합니다. 견훤은 아들이 열 명 있는데, 그중 넷째 아들인 금강을 무척 아꼈습니다. 견훤이 자기 뒤를 이을 사람으로 금강을 염두에 두는 듯하자, 첫째 아들인 **신검**이 화가 나서 935년 반란을 일으킵니다. 금강을 없애고 왕위에 올라 견훤을 금산사라는 절에 가두어 버린 겁니다.

신검이 동생을 없애고, 아버지를 절에 가둔 뒤 후백제는 혼란의 소용돌이에 휩싸인다고 합니다. 앞으로 후백제가 어떻게 될지 관심이 모아지고 있습니다.

 어려워서 소리 내어 읽었어요.
 흥미로워요.
 이해가 안 돼요.
 아는 내용이에요.
 놀라워요.
 더 알고 싶어요.

함께 읽어요 우리 반 견훤 | 정명섭 | 리틀씨앤톡 (4학년 이상)

월 일

한 문장 요약
견훤이 후백제를 세우고 발전시키는 가운데, 첫째 아들 신검이 넷째 아들 금강을 죽이고 후백제의 왕위에 올랐다.

초성 퀴즈
1. 견훤이 스스로 왕이 되어 세운 나라 ㅎㅂㅈ
2. 반란을 일으켜 견훤의 뒤를 이어 후백제의 왕이 된 사람 ㅅㄱ

미니 퀴즈
1. 견훤이 왕이 된 과정을 간단히 말해요.
2. 견훤의 첫째 아들 신검이 왕이 되기 위해 했던 일을 말해요.

900년
견훤, 후백제 건국

핵심어 뽑기
기사에서 핵심어 3개를 뽑아 보세요.

미니 논술
견훤이 넷째 아들을 다음 왕으로 정한 것은 이후에 어떤 영향을 미쳤나요?

정답 **초성 퀴즈** 1. 후백제 2. 신검 **미니 퀴즈** 1. 무진주를 점령하고 힘을 키워 후백제를 세웠다. 2. 반란을 일으켜 금강을 없앴다.
핵심어 예시 견훤, 후백제, 신검 등 **미니 논술** 형제간 싸움이 일어나 후백제가 혼란스러워졌다.

궁예, 후고구려를 세우다

후고구려

901년, 궁예가 **후고구려**를 세웠습니다. 나라 이름을 후고구려라고 지은 것은 고구려를 이어받는다는 뜻입니다.

앞서 진성 여왕이 통일 신라를 다스리던 때 나라가 매우 어지러웠다는 소식을 전해 드린 적이 있습니다. 굶주림에 시달리던 농민들이 반란을 많이 일으켰던 것입니다. 이때 궁예라는 인물이 등장했습니다. 원래 그는 신라의 왕족이었습니다. 그런데 불길한 징조가 있다며 버려졌고, 승려가 되었습니다.

궁예는 자신을 버린 신라 왕실에 대해 반발심이 컸고, 승려 생활에도 만족하지 못했습니다. 궁예는 절에서 나와 자신을 따르는 사람들을 모았습니다. 주로 신라에 불만이 있는 농민들과 호족들이 그를 따랐습니다.

무리를 이끌고 힘을 키운 궁예는 마침내 강원도 철원 지역을 차지했습니다. 궁예는 여기서 멈추지 않고 더욱 힘을 키웠고, 901년 송악에서 후고구려를 세웠습니다. 이후 궁예는 수도를 철원으로 옮기고, 나라 이름을 **마진**, **태봉** 등으로 바꿨습니다.

궁예는 강력한 카리스마를 뽐내며 나라를 잘 다스리고 있습니다. 그런데 미래 기자의 말에 따르면, 궁예는 점점 폭군이 된다고 합니다. 자기와 의견이 다른 자는 없애 버리는 등 포악한 정치를 한다는 것입니다. 포악한 정치를 하면 사람들이 따르지 않게 됩니다. 궁예가 나라를 계속 이끌어 갈 수 있을지 앞날이 불투명합니다.

 어려워서 소리 내어 읽었어요.
 흥미로워요.
 이해가 안 돼요.
 아는 내용이에요.
 놀라워요.
 더 알고 싶어요.

함께 읽어요 못다 이룬 새 세상의 꿈, 궁예와 후고구려 | 최향미 | 한솔수북 (5학년 이상)

월　　일

한 문장 요약
901년, 송악에서 후고구려를 세우고 왕이 된 궁예가 수도를 옮기고 나라를 잘 다스리고 있다.

초성 퀴즈
1. 궁예가 무리를 이끌고 세운 나라　ㅎㄱㄱㄹ
2. 궁예가 수도를 옮긴 뒤 바꾼 나라 이름　ㅁㅈ, ㅌㅂ

901년
궁예, 후고구려 건국

미니 퀴즈
1. 궁예가 자신을 버렸다는 이유로 반발심을 가졌던 나라를 말해요.
2. 궁예는 왕이 된 후 어떻게 달라졌나요?

핵심어 뽑기
기사에서 핵심어 3개를 뽑아 보세요.

미니 논술
궁예가 변해 간 이유는 무엇일까요?

정답　**초성 퀴즈** 1. 후고구려 2. 마진, 태봉　**미니 퀴즈** 1. 신라 2. 의견이 다른 이는 없애는 등 폭군이 되어 갔다.
핵심어 예시 궁예, 후고구려, 철원 등　**미니 논술** 권력을 지키려는 욕심과 다른 사람에 대한 불신이 커졌기 때문일 것이다.

발해의 멸망, 앞으로 고구려를 이을 나라는?

발해의 귀면와

해동성국이라 불리며 크게 발전해 가던 발해가 926년에 멸망했습니다. 발해는 고구려를 계승한다고 했던 나라입니다. 이제 어느 나라가 고구려를 계승할지 주목됩니다.

발해는 선왕 때 연해주와 요동까지 진출하여 옛 고구려의 땅 대부분을 차지하고 전성기를 맞았습니다. 그러나 선왕이 세상을 떠난 후 왕의 힘이 약해지고 권력 다툼이 시작되었습니다. 귀족들도 서로 갈등하기 시작했습니다. 나라 살림도 점점 어려워져 세금을 많이 걷자 백성들도 힘들어했습니다.

한편 북쪽에서는 거란이 성장하고 있었습니다. 야율아보기란 인물이 나타나 거란의 여러 부족을 통합해 더 큰 나라가 되었다고 합니다. 그러고는 발해를 계속 위협해 왔습니다. 926년에는 급기야 발해의 수도인 상경성을 공격했습니다. 힘이 약해진 발해는 거란의 침입에 맥없이 무너졌습니다. 결국 이렇게 발해는 건국된 지 200여 년 만에 멸망했습니다.

발해 유민들은 나라가 멸망한 것을 받아들이지 못하고 있습니다. 다시 발해를 일으켜 세우겠다며 크게 저항하고 있습니다. 미래 기자의 말에 따르면, 발해 유민들의 저항은 큰 성과를 거두지 못했다고 합니다. 이후 발해 유민들의 일부는 고려로 갔습니다. 고려가 고구려의 정신을 이어받았다고 믿었기 때문입니다. 고려는 발해 유민들을 반갑게 받아 주었고, 발해의 문화도 존중해 주었다고 합니다.

 어려워서 소리 내어 읽었어요. 흥미로워요. 이해가 안 돼요. 아는 내용이에요. 놀라워요. 더 알고 싶어요.

 함께 읽어요 어린이박물관 발해 | 윤재운 | 웅진주니어 (4학년 이상)

월   일

한 문장 요약
발해는 내부가 분열된 상태에서 거란의 공격을 받아 멸망했고, 발해 유민들은 고려로 갔다.

초성 퀴즈
1. 발해를 멸망시킨 나라 ㄱㄹ
2. 발해 수도 ㅅㄱㅅ

926년
발해 멸망

미니 퀴즈
1. 발해가 멸망하게 된 이유는 무엇인가요?
2. 발해 멸망 후 유민들은 어떻게 했나요?

핵심어 뽑기
기사에서 핵심어 3개를 뽑아 보세요.

미니 논술
발해의 건국부터 멸망까지의 역사를 살펴본 소감을 말해요.

정답 **초성 퀴즈** 1. 거란 2. 상경성 **미니 퀴즈** 1. 거란이 침입해서 2. 발해를 다시 일으키려 했으나 성과가 없었고, 일부는 고려로 갔다.
핵심어 예시 발해 멸망, 거란, 발해 유민 등 **미니 논술** 고구려를 이어 크게 번성했던 점이 멋있다.

삼국 ~ 남북국 박물관

수막새 짐승 얼굴무늬
기와 지붕 끝을 장식한 고구려의 기와예요.

발해 귀면와
나쁜 것을 쫓기 위해 무서운 얼굴 모양으로 만든 발해의 기와예요.

이차돈 순교비
신라가 불교를 받아들이는 과정에서 희생된 이차돈을 기린 비석이에요.

금동 대향로
백제 문화의 걸작으로 꼽히는 공예품으로, 향을 피울 때 쓰는 향로예요.

무령왕릉 석수
백제 무령왕의 무덤을 지키는 돌로 만든 동물 조각상이에요.

철제 판갑옷
얇은 철판을 맞대 이어 만든 가야의 갑옷이에요.

신라 금관
신라인의 정교한 세공 기술이 돋보이는 금으로 만든 관이에요.

고려

신라가 약해지면서 왕건이 새로이 나라를 세웠어요. 이렇게 고려 시대가 막을 열지요.
이 시기는 약 500년 동안 이어졌고, 우리 역사에서 중요한 문화유산이 많이 탄생했어요. 불교가 크게 번성하여 절과 불상이 만들어졌고, 금속 활자 같은 놀라운 발명품도 탄생했어요. 하지만 몽골의 침입처럼 힘든 전쟁도 여러 번 겪었답니다.
고려 시대에는 어떤 일이 있었는지, 사람들은 어떻게 나라를 지키고 발전시켰는지 알아볼까요? 우리 민족의 대단함을 새삼 느낄 수 있을 거예요.

왕건, 고려 세우고 후삼국까지 통일하다

고려의 후삼국 통일

후고구려의 궁예는 날로 포악졌습니다. 백성들도 신하들도 이런 궁예를 참아내기 어려웠습니다. 결국 반란이 일어났고, 새로운 왕이 세워졌습니다. 바로 왕건입니다.

왕건은 송악에서 해상 무역과 군사 활동을 했던 호족 집안에서 태어났습니다. 왕건은 궁예의 부하 장수가 되어 크게 활약하며 궁예의 믿음을 얻었습니다. 이 과정에서 왕건을 따르는 자들이 늘어났습니다.

궁예가 점점 제멋대로 나라를 다스리자 왕건과 그를 따르던 이들은 반란을 일으키기로 했습니다. 918년, 반란은 성공했습니다. 새로운 왕이 된 왕건은 나라 이름을 **고려**라고 지었습니다. 그리고 이듬해에 자신의 근거지인 **송악**(개경)을 수도로 정했습니다.

미래 기자의 말에 따르면, 고려를 세운 왕건은 후삼국을 통일하는 큰일을 이룹니다. 935년에 신라는 고려로 대세가 기울자, 마지막 왕 경순왕이 스스로 항복해 옵니다. 왕건도 신라의 전통과 문화를 존중해 경순왕의 항복을 받아 줍니다. 그렇게 신라의 천 년 역사는 막을 내립니다.

936년에 왕건은 후백제를 공격합니다. 이때 후백제의 견훤이 금산사에서 탈출해 왕건을 돕습니다. 동생을 없애고 왕이 되었던 신검은 왕건이 10만 대군을 이끌고 쳐들어오자, 이길 수 없다고 판단해 항복합니다. 936년, 후백제가 멸망하면서 후삼국 시대가 막을 내렸습니다.

 어려워서 소리 내어 읽었어요.
 흥미로워요.
 이해가 안 돼요.
 아는 내용이에요.
 놀라워요.
 더 알고 싶어요.

함께 읽어요 천년의 학을 품은 고려청자 | 김해등 | 개암나무 (4학년 이상)

월 일

한 문장 요약
후고구려의 궁예가 포악해지자, 왕건이 반란을 일으켜 고려를 세우고 후삼국을 통일했다.

초성 퀴즈
1. 궁예를 몰아내고 왕건이 세운 나라 ㄱㄹ
2. 고려의 수도 ㅅㅇ

미니 퀴즈
1. 왕건은 누구의 부하였나요?
2. 고려에 항복한 신라와 후백제의 왕을 각각 말해요.

918년 고려 건국

핵심어 뽑기
기사에서 핵심어 3개를 뽑아 보세요.

936년 고려, 후삼국 통일

미니 논술
왕건이 후삼국을 통일한 것에는 어떤 의미가 있을까요?

정답 **초성 퀴즈** 1. 고려 2. 송악 **미니 퀴즈** 1. 궁예 2. 경순왕과 신검
핵심어 예시 왕건, 고려, 후삼국 통일 등 **미니 논술** 분열된 나라를 다시 하나로 모아 발전의 기틀을 마련했다.

왕건이 스물아홉 명의 여인과 결혼한 까닭은?

왕건 동상

　새 나라 고려의 왕이 된 왕건이 나라를 안정시키기 위해 여러 가지 정책을 펼치고 있습니다.

　우선 왕건이 호족의 딸들과 결혼을 하고 있다는 소식입니다. 딸이 아니라 '딸들'이라니 어떻게 된 일일까요? 왕건은 호족의 딸 총 스물아홉 명과 결혼했습니다. 놀라운 일입니다. 이유를 알아보니, 호족을 자기 편으로 만들어 힘을 약화시키기 위해서라고 합니다.

　왕건은 고려를 세울 때 호족의 도움을 많이 받았습니다. 호족은 나라의 중앙이 아닌 지방에서 힘을 키운 이들입니다. 재산도 많고 군사도 많고 따르는 이도 많습니다. 만약 호족들이 왕건을 따르지 않고 힘을 키운다면, 분명 왕건에게 위협이 될 겁니다. 그래서 호족들의 딸들과 결혼해 자기 편으로 만들고 있는 것이라고 합니다. 팔은 안으로 굽는다는 말이 있듯, 가족이 되면 아무래도 왕건의 편에 서게 될 테니까요.

　그뿐 아니라 북쪽으로 힘을 키워 가는 북진 정책도 밀어붙이고 있습니다. 옛 고구려의 땅을 다 가지고 있지 않은 터라 다시 되찾기 위해서라고 합니다. 나라 이름 또한 고구려를 이어받는다는 뜻으로 고려라고 했으니 잃은 땅도 되찾는 것이 마땅하다고 생각한 것입니다.

　새 나라의 왕이 되어 여러 일을 하며 바쁜 왕건, 앞으로는 어떤 정치를 펼쳐 나갈지 모두의 관심이 모아지고 있습니다.

 어려워서 소리 내어 읽었어요.
 흥미로워요.
 이해가 안 돼요.
 아는 내용이에요.
 놀라워요.
 더 알고 싶어요.

함께 읽어요 고려의 시작 태조 왕건 | 김일옥 | 스푼북 (4학년 이상)

월   일

한 문장 요약
고려의 왕, 왕건이 호족의 힘을 약하게 하기 위한 결혼 정책과 옛 고구려 땅을 되찾기 위한 북진 정책을 펼치고 있다.

초성 퀴즈
1. 지방에서 재산과 무리를 모으며 힘을 키운 세력   ㅎㅈ
2. 왕건이 옛 고구려 땅을 되찾기 위해 펼친 정책   ㅂㅈ ㅈㅊ

미니 퀴즈
1. 왕건이 호족의 딸들과 결혼한 이유는 무엇인가요?
2. 왕건은 왜 북진 정책을 펼쳤나요?

918년~ 943년

왕건, 고려 통치

핵심어 뽑기
기사에서 핵심어 3개를 뽑아 보세요.

미니 논술
왕이 되고 나면 왕의 힘을 강하게 키우려고 하는 이유는 무엇일까요?

정답   **초성 퀴즈** 1. 호족 2. 북진 정책   **미니 퀴즈** 1. 자기 편으로 만들기 위해서 2. 옛 고구려 땅을 되찾기 위해서
핵심어 예시 호족, 왕건, 북진 정책 등   **미니 논술** 나라를 안정적으로 운영하기 위해서다.

광종이 호족 세력을 약하게 만드는 방법

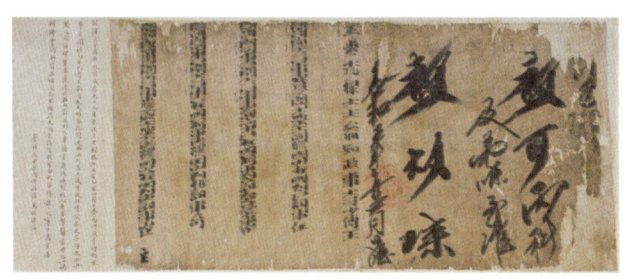

장양수가 받은
과거 급제 문서

고려의 새로운 왕이 왕권을 강하게 만들기 위한 여러 정책을 펼치고 있습니다. **노비안검법**과 **과거제**를 실시한 4대 왕 광종입니다.

광종이 왕이 됐을 당시, 호족들은 많은 힘을 가지고 있었습니다. 호족들은 높은 관직을 차지하고 나랏일을 자기들 뜻대로 할 때가 많았습니다. 광종은 호족 세력의 힘을 약하게 해야 한다고 판단해 노비안검법과 과거제를 실시했습니다.

노비안검법은 억울하게 노비가 된 사람들을 다시 원래 신분인 양민으로 되돌려 주는 법입니다. 고려에는 호족들이 많은 노비를 거느리고 있었습니다. 억울하게 노비가 된 자들을 원래 신분으로 돌려주면, 노비의 수가 줄어 호족의 힘도 자연스럽게 약해집니다. 게다가 노비가 양민이 되면 세금도 내게 되어 나라 살림에도 도움이 됩니다.

과거제는 '과거'라는 시험을 보아 관리를 뽑는 제도입니다. 시험에 합격할 실력을 갖춘 사람을 뽑아 나랏일을 하게 하는 겁니다. 그러면 호족처럼 집안의 힘을 이용해 관리가 되는 사람이 줄게 됩니다. 과거제를 실시하자, 왕은 호족들의 힘에서 벗어나 나라를 운영할 수 있게 됐습니다.

노비안검법과 과거제가 실시되자 반발이 많습니다. 하지만 광종은 뜻을 굽히지 않고 있습니다. 이대로 두 제도가 자리를 잡는다면, 광종은 바라는 대로 왕권을 강화하는 데 성공할 것으로 보입니다.

 어려워서 소리 내어 읽었어요.
 흥미로워요.
 이해가 안 돼요.
 아는 내용이에요.
 놀라워요.
 더 알고 싶어요.

함께 읽어요 만화 고려왕조실록 1 | 박영규 | 웅진주니어 (3학년 이상)

월   일

한 문장 요약
고려의 4대 왕 광종이 호족 세력의 힘을 약화시키기 위해 노비안검법과 과거제를 실시했다.

초성 퀴즈
1. 광종이 억울한 노비를 원래 신분으로 되돌려 준 제도   ㄴㅂㅇㄱㅂ
2. 광종이 실력 있는 사람을 뽑기 위해 실시한 시험 제도   ㄱㄱㅈ

미니 퀴즈
1. 노비안검법으로 세금을 낼 양인이 늘자, 나라에 어떤 도움이 됐나요?
2. 과거제는 어떤 제도인가요?

956년
노비안검법 실시

핵심어 뽑기
기사에서 핵심어 3개를 뽑아 보세요.

958년
과거제 실시

미니 논술
집안 배경을 이용해 관리가 되는 것을 어떻게 생각하나요?

정답 **초성 퀴즈** 1. 노비안검법 2. 과거제 **미니 퀴즈** 1. 나라 살림에 도움이 됐다. 2. 과거라는 시험을 보아 관리를 뽑는 제도
핵심어 예시 광종, 노비안검법, 과거제 **미니 논술** 능력이 없는 사람이 관리가 되어 나랏일을 제대로 하지 못할 수 있다.

서희, 거란 장수와 담판을 벌이다

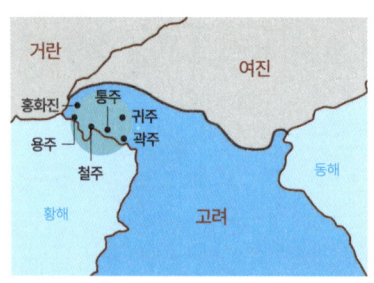

강동 6주

고려의 신하, 서희가 거란의 장수인 소손녕을 피 한 방울도 흘리지 않고 물러가게 했다는 소식입니다. 도대체 어떻게 했는지 알아보겠습니다.

최근 고려의 북쪽이 혼란스러웠습니다. 특히 거란과 사이가 좋지 않았습니다. 고려는 발해를 멸망시킨 거란과 잘 지낼 수 없었지요. 하지만 송나라와는 잘 지냈습니다.

거란은 송나라를 쳐서 중국 대륙을 가지고 싶었습니다. 그러기 위해서 송과 잘 지내는 고려가 송나라를 돕지 못하게 고려부터 공격해야겠다고 생각했습니다. 결국 993년에 거란의 장수 소손녕이 80만 대군을 이끌고 왔습니다.

거란의 침입에 고려는 크게 놀랐습니다. 고려가 겁먹은 모습을 보이자 거란은 항복을 요구해 왔습니다. 이때 서희가 당당히 나섰습니다. 소손녕은 옛 고구려 땅을 넘긴다면 물러가겠다고 했습니다. 서희는 고려가 고구려를 이어받았으므로 옛 고구려 땅은 고려 땅인 것이 당연하다고 받아쳤습니다. 그러고는 압록강 주변 땅을 주면 송나라와의 관계를 끊고 거란과 교류하겠다고 약속했습니다. 서희는 거란의 진짜 속셈을 알고 싸움 대신 외교 담판을 벌인 것입니다.

소손녕은 서희의 약속을 믿고 물러갔고, 고려는 오히려 땅을 더 차지할 수 있었습니다. 압록강 동쪽에 있는 여진족을 몰아내고 6개의 성을 쌓은 것입니다. 이를 **강동 6주**라고 합니다. 이 외교 담판으로 서희는 매우 지혜로운 신하로 사람들 입에 오르내리게 됐습니다.

 어려워서 소리 내어 읽었어요.
 흥미로워요.
 이해가 안 돼요.
 아는 내용이에요.
 놀라워요.
 더 알고 싶어요.

함께 읽어요 왜 서희는 외교 담판을 했을까? | 한정수 | 자음과모음 (6학년 이상)

월   일

한 문장 요약
거란이 쳐들어왔는데, 서희가 외교 담판을 지어 물러가게 하고 땅도 더 차지했다.

초성 퀴즈
1. 거란의 소손녕이 침입했을 때 싸우지 않고 물러가게 한 인물 ㅅㅎ
2. 거란을 물러가게 하고 차지한 압록강 동쪽의 땅 ㄱㄷ 6ㅈ

미니 퀴즈
1. 거란이 침입한 진짜 이유는 무엇이었나요?
2. 서희는 어떻게 거란을 물러가게 했나요?

993년
거란 1차 침입

핵심어 뽑기
기사에서 핵심어 3개를 뽑아 보세요.

미니 논술
싸움 없이 거란을 물러가게 한 서희에게 배울 점은 무엇일까요?

정답 **초성 퀴즈** 1. 서희 2. 강동 6주 **미니 퀴즈** 1. 고려가 송하고만 잘 지내서 2. 송과 가깝게 지내지 않겠다고 약속을 해 주어서
핵심어 예시 서희, 외교 담판, 거란 등 **미니 논술** 위기 상황을 극복하는 지혜를 배울 수 있다.

귀주 대첩의 영웅, 강감찬

귀주 대첩

거란이 또 고려를 침입했습니다. 이번이 세 번째입니다. 그러나 고려의 장군 **강감찬**이 귀주에서 멋지게 거란을 물리쳤습니다.

거란이 처음 고려를 침입한 것은 993년이었습니다. 이때는 서희가 싸움 없이 외교 담판으로 거란을 물러가게 했습니다. 하지만 고려는 거란에게 약속했던 대로 송과의 관계를 끊지 않았습니다. 이에 거란은 1010년에 2차 침입을 했습니다. 그리고 이후에도 계속 고려가 약속을 지키지 않자 3차 침입을 한 것입니다.

1018년 겨울, 거란의 장수 소배압은 10만 대군을 데리고 고려에 쳐들어왔습니다. 이때 강감찬이 펼친 전술이 매우 화제가 되고 있습니다. 강감찬은 압록강을 건너온 거란군을 유인했습니다. 거란군은 고려군이 도망간다고 생각하고 따라왔습니다. 고려군은 흥화진에 미리 숨어 있다가 거란군이 온 순간, 막아 두었던 수문을 열어 많은 양의 물을 내보냈습니다. 그러고는 당황한 거란군을 공격해 힘을 쏙 빼놓았습니다.

소배압은 개경도 공격하려고 했지만 고려군의 대응에 힘이 부쳤습니다. 그래서 다음 해 초 돌아가기로 결정했습니다. 강감찬은 물러가는 거란군을 쫓아가 귀주에서 큰 승리를 거뒀습니다. 결국 거란군은 많은 군사를 잃고 일부만 살아 돌아갔습니다.

귀주에서 고려군이 거란군을 크게 물리친 전투를 **귀주 대첩**이라고 합니다. 고려는 현재 거란을 물리친 기쁨에 차 있습니다.

 어려워서 소리 내어 읽었어요.
 흥미로워요.
 이해가 안 돼요.
 아는 내용이에요.
 놀라워요.
 더 알고 싶어요.

함께 읽어요 소년 강감찬과 호랑이 대소동 | 정명섭 | 리틀씨앤톡 (4학년 이상)

월   일

한 문장 요약
고려의 장군 강감찬이 거란의 3차 침입을 뛰어난 전술로 막아 낸 전투를 귀주 대첩이라고 한다.

초성 퀴즈
1. 거란의 3차 침입 때 뛰어난 전술로 승리한 장군　ㄱㄱㅊ
2. 귀주에서 거란군을 크게 물리친 전투　ㄱㅈ ㄷㅊ

미니 퀴즈
1. 강감찬의 전술을 말해요.
2. 거란의 장수로, 10만 대군을 이끌고 온 인물은 누구인가요?

1019년
강감찬,
귀주 대첩

핵심어 뽑기
기사에서 핵심어 3개를 뽑아 보세요.

미니 논술
거란을 물리친 강감찬의 장군으로서의 능력은 무엇일까요?

정답　**초성 퀴즈** 1. 강감찬 2. 귀주 대첩　**미니 퀴즈** 1. 거란군을 유인해 막아 두었던 수문을 열었다. 2. 소배압
　　핵심어 예시 강감찬, 귀주 대첩, 거란 등　**미니 논술** 적의 움직임을 잘 읽고 유리한 지형을 이용하는 등 전술이 뛰어나다.

윤관이 여진족을 몰아내다

윤관

거란의 세 차례 침입을 막아 낸 고려가 이번에는 여진 때문에 골머리를 앓고 있다는 소식입니다. 고려가 여진을 어떻게 몰아냈는지 알아보겠습니다.

고려 동북쪽에서는 여진의 한 부족인 완옌부의 아구타가 여진족을 통일했습니다. 힘을 키운 여진은 고려를 침입하기 시작했고, 천리장성까지 다다랐습니다. 천리장성은 고려가 거란과 여진의 침입을 막기 위해 국경을 따라 쌓은 성입니다. 여진의 침입이 잦아지자 고려의 15대 왕 숙종은 장군 **윤관**을 보냈습니다. 윤관은 잘 싸웠지만 말을 잘 타는 기병 중심인 여진을 이길 수는 없었습니다.

전투에서 패한 윤관은 숙종에게 기병에 맞설 군대가 필요하다고 말했습니다. 윤관의 의견에 따라 특수 부대인 별무반이 만들어졌습니다. 별무반은 말을 타고 싸우는 기병, 무기를 들고 직접 싸우는 보병, 그리고 승려들로 이루어진 군대입니다.

1107년, 윤관은 그동안 훈련시켜 온 별무반을 이끌고 여진 정벌에 나섰습니다. 그리고 마침내 크게 승리를 거두고 그들을 몰아냈습니다. 또한 함경도 일대 동북 지역에 성 9개를 설치했습니다. 적의 공격을 막기 위한 성으로, **동북 9성**이라고 합니다.

미래 기자의 말에 따르면, 고려는 나중에 동북 9성을 여진에게 돌려줍니다. 그 후 여진은 계속 힘을 키워 간다고 합니다. 앞으로 여진과 고려 사이가 어떻게 될지 관심이 모아지고 있습니다.

 어려워서 소리 내어 읽었어요.
 흥미로워요.
 이해가 안 돼요.
 아는 내용이에요.
 놀라워요.
 더 알고 싶어요.

함께 읽어요 고려 역사 탐험 | 김은빈 | 뜨인돌어린이 (4학년 이상)

월 일

한 문장 요약
윤관은 기병, 보병, 승려로 이루어진 특수 부대인 별무반을 이끌고 여진 정벌에 나서 승리한 후 동북 9성을 설치했다.

초성 퀴즈
1. 고려 시대 특수 부대인 별무반을 만들어 여진에 맞선 장군 ㅇㄱ
2. 여진을 몰아내고 동북 지역에 쌓은 9개의 성 ㄷㅂ 9ㅅ

미니 퀴즈
1. 고려가 처음에 여진을 이기지 못한 이유는 무엇인가요?
2. 윤관이 별무반을 이끌고 나간 여진 정벌의 결과를 말해요.

1107년
윤관, 여진 정벌

핵심어 뽑기
기사에서 핵심어 3개를 뽑아 보세요.

미니 논술
여진이 동북 9성을 돌려달라고 했을 때, 여러분이라면 어떻게 할 건가요?

정답 **초성 퀴즈** 1. 윤관 2. 동북 9성 **미니 퀴즈** 1. 여진이 기병 중심이어서 2. 크게 승리하고 동북 9성을 설치했다.
핵심어 예시 윤관, 여진, 동북 9성 등 **미니 논술** 백성들을 보호하기 위해 돌려주지 않을 것이다.

벽란도는 지금 시끌벅적 국제 무역 중

벽란도

요즘 고려의 **벽란도**가 시끌벅적합니다. 여러 나라 상인들이 와서 물건을 사고파는 무역이 활발히 진행되고 있기 때문입니다.

고려 상인들은 종이, 먹, 인삼, 나전칠기, 삼베를 팔고 있습니다. 외국에서 온 상인이 관심을 보이면 열심히 설명합니다. 송나라 상인들도 눈에 많이 띕니다. 이들은 비단과 자기, 차를 팔고 있습니다. 새로운 물건을 본 고려 귀족들이 매우 좋아하고 있습니다.

송나라뿐 아니라 일본, 아라비아, 금, 요 등에서도 상인들이 왔습니다. 외국에서 온 한 상인은 개경과 서경에서 열리는 고려의 불교 행사인 **팔관회**도 구경할 겸 겸사겸사 왔다고 합니다.

벽란도가 이렇게 많은 상인들이 드나드는 국제 무역항으로 번성한 까닭은 무엇일까요? 벽란도는 황해도 예성강 어귀에 있습니다. 예성강은 물이 깊어 큰 배가 자유로이 드나들 수 있습니다. 게다가 고려의 수도인 개경과 가까워 상인들뿐만 아니라 사신들도 벽란도를 드나듭니다. 그래서 벽란도와 개경에는 외국인들이 잠을 자는 숙소도 있습니다. 밥을 먹는 식당도 있습니다.

미래 기자의 말에 따르면, 미래에는 고려가 '코리아'라고 불린다고 합니다. 지금 이곳에서 열심히 물건을 팔고 있는 아라비아 상인들이 고려를 발음하지 못해 코레아, 꼬레아라고 부르다 코리아가 되었다고 합니다.

 어려워서 소리 내어 읽었어요.
 흥미로워요.
 이해가 안 돼요.
 아는 내용이에요.
 놀라워요.
 더 알고 싶어요.

함께 읽어요 벽란도의 비밀 청자 | 문영숙 | 문학동네 (5학년 이상)

월 일

한 문장 요약
고려는 예성강 어귀의 벽란도라는 무역항에서 송, 일본, 아라비아 등 여러 나라 상인들과 물건을 사고파는 국제 무역을 했다.

초성 퀴즈
1. 고려 시대 여러 나라가 드나들며 물건을 사고팔던 국제 무역항 ㅂㄹㄷ
2. 개경과 서경에서 열리던 고려의 불교 행사 ㅍㄱㅎ

미니 퀴즈
1. 고려 상인들이 벽란도에서 주로 팔았던 물건은 무엇인가요?
2. 벽란도와 개경에는 외국인을 위한 어떤 시설이 있었나요?

918년 ~1392년
벽란도 국제 무역 번성

핵심어 뽑기
기사에서 핵심어 3개를 뽑아 보세요.

미니 논술
나라 간에 물건을 사고팔면 어떤 점이 좋을까요?

정답 **초성 퀴즈** 1. 벽란도 2. 팔관회 **미니 퀴즈** 1. 종이, 먹, 인삼, 나전칠기, 삼베 2. 외국인 숙소와 식당
핵심어 예시 고려, 벽란도, 팔관회 등 **미니 논술** 서로 좋은 물건을 사고팔 수 있어 생활이 풍요로워지고, 경제도 발전한다.

| 선사 | 고조선 초기 국가 | 삼국 | 남북국 | **고려** | 조선 | 대한 제국 일제 강점기 | 대한민국 |

차별받던 무신들, 결국 일어나다

무용총 수박희도

    고려에서 무신들이 들고일어나 문신들을 몰아내고 왕까지 바꾼 놀라운 사건이 일어났습니다. 그래서 현재 나라 안이 뒤숭숭합니다.

    고려의 관리는 문신과 무신으로 구분됩니다. 문신은 정치를, 무신은 군사 일을 담당합니다. 문신과 무신 모두 나라에 중요한 역할을 하는데, 4대 왕 광종 때부터 문신들에게 유리한 쪽으로 힘이 기울었습니다. 학문을 하는 문신들을 더 대우해 주기 시작했기 때문입니다. 무신은 높은 관직에 오르기 힘들었고, 같은 벼슬의 문신에게 무시를 당하기도 했습니다. 계급이 낮은 군인들은 월급도 받지 못한 채 잡다한 일에 동원되기 일쑤였습니다. 당연히 무신들의 불만이 커져 갔지요.

    1170년 음력 8월 30일, 결국 사건이 터졌습니다. 이날 18대 왕 의종은 궁궐 밖에서 나들이를 즐기던 중 무신들에게 무술 시합인 수박희를 시켰습니다. 그런데 시합 중 나이가 지긋한 무신인 이소응이 힘이 부쳐 물러섰습니다. 이때 갑자기 젊은 문신인 한뢰가 이소응의 뺨을 때렸습니다. 그러자 그동안 차별을 참고 참아 왔던 무신들이 반란을 일으킨 겁니다. 문신들을 잡히는 대로 해쳤고, **의종**을 멀리 귀양 보냈습니다. 그리고 의종의 동생을 왕위에 앉혔습니다. 이 사건을 **무신 정변**이라고 합니다.

    무신 정변으로 이제 무신들이 나라를 다스릴 힘을 갖게 됐습니다. 무신들은 고려를 어떻게 이끌어 갈지 백성들의 눈과 귀가 모아지고 있습니다.

 어려워서 소리 내어 읽었어요.   흥미로워요.   이해가 안 돼요.   아는 내용이에요.   놀라워요.   더 알고 싶어요.

함께 읽어요 왜 무신 정변이 일어났을까? | 신안식 | 자음과모음 (6학년 이상)

월   일

한 문장 요약
고려 4대 왕 광종 이후 나라에서 무신보다 문신을 더 대우해 주자, 참다못한 무신들이 반란을 일으켜 정권을 잡았다.

초성 퀴즈
1. 나라에서 문신을 더 대우해 주자 무신들이 들고일어난 사건   ㅁㅅ ㅈㅂ
2. 무신들이 난을 일으켜 몰아낸 왕   ㅇㅈ

미니 퀴즈
1. 문신과 무신의 역할을 간단히 말해요.
2. 무신은 문신에 비해 어떤 차별을 받았나요?

1170년
무신 정변

핵심어 뽑기
기사에서 핵심어 3개를 뽑아 보세요.

미니 논술
무신들이 문신과의 차별에 더 잘 대처할 방법이 있을까요?

정답 초성 퀴즈 1. 무신 정변 2. 의종 **미니 퀴즈** 1. 문신은 정치, 무신은 군사 일을 맡았다. 2. 높은 관직에 못 오르고, 무시를 당했다.
핵심어 예시 문신, 무신 정변, 의종 등 **미니 논술** 왕에게 공평한 대우를 요구하고, 자신의 능력을 드러내면 더 좋았을 것이다.

무신 정권 시대, 최장 집권한 최씨 집안

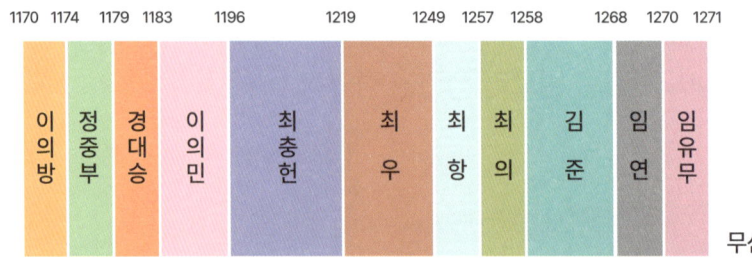

무신 정권

무신들이 문신과 왕을 몰아내고 권력을 잡았다는 소식을 전해 드렸습니다. 고려는 이제 무신들에 의해 만들어진 정권인 **무신 정권** 시대로 접어들었습니다. 백성들은 정권이 바뀌었으니 나라도 새롭게 바뀔 거라고 기대했습니다. 그런데 오히려 백성들의 시름이 깊어지고 있다고 합니다.

그간 백성들은 문신들이 백성의 재산을 빼앗고 나랏돈을 마음대로 챙기는 등 권력을 함부로 사용해서 힘들어했습니다. 그러나 새로 정권을 잡은 무신들 또한 별다르지 않다고 합니다. 백성들에게 개혁을 약속했지만 지키지 않고 있습니다.

게다가 무신들끼리의 권력 싸움도 대단해서 서로 죽고 죽이는 일이 계속되고 있습니다. 이의방, 정중부, 경대승이 목숨을 건 싸움으로 차례로 권력을 잡았습니다. 이후 경대승이 병으로 죽은 뒤 이의민이 권력을 잡았는데 최충헌에게 죽임을 당하고 말았습니다. 최충헌은 반대 세력을 감시하며 나라의 중요한 일을 결정하기 위해, 최고의 정치 기관인 **교정도감**을 만들었습니다. 최충헌은 23년간 자기 마음대로 권력을 휘둘렀고, 아들인 최우에게 권력을 물려주었습니다.

이후 권력은 최우의 아들 최항, 최항의 아들 최의로 최씨 집안이 대를 이어 물려받았습니다. 이렇게 4대에 걸쳐 권력을 잡고 나라를 좌지우지한 최씨 무신 정권은 무려 62년이나 이어집니다.

 어려워서 소리 내어 읽었어요. 흥미로워요. 이해가 안 돼요. 아는 내용이에요. 놀라워요. 더 알고 싶어요.

함께 읽어요 문신의 나라 무신의 나라 | 홍민정 | 푸른숲주니어 (4학년 이상)

월   일

한 문장 요약
무신들은 권력을 잡은 후, 문신만큼이나 나라를 함부로 다스리며 정권을 이어 나갔고, 최씨 집안은 62년간 권력을 잡았다.

초성 퀴즈
1. 고려 시대에 무신들에 의해 만들어진 정권   ㅁㅅ ㅈㄱ
2. 최충헌이 중요한 나랏일을 결정하려고 만든 최고의 정치 기관   ㄱㅈㄷㄱ

미니 퀴즈
1. 무신들이 정권을 잡기 전 문신들은 어떻게 나라를 다스렸나요?
2. 권력을 잡은 최씨 집안 사람들 이름을 순서대로 말해요.

1196년
최충헌 집권

핵심어 뽑기
기사에서 핵심어 3개를 뽑아 보세요.

미니 논술
최씨 집안이 4대에 걸쳐 62년간 집권한 것에 대해 어떻게 생각하나요?

정답 **초성 퀴즈** 1. 무신 정권 2. 교정도감 **미니 퀴즈** 1. 백성의 재산을 빼앗고 나랏돈을 마음대로 챙겼다. 2. 최충헌, 최우, 최항, 최의 **핵심어 예시** 최충헌, 교정도감, 최씨 무신 정권 등 **미니 논술** 자기 집안의 권력을 유지하는 것만 생각해 벌인 이기적 행동이다.

노비 만적, "우리도 세상을 바꿔 보자!"

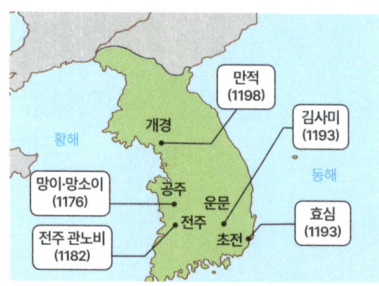

무신 정권 시대에 일어난 하층민의 저항 운동

최충헌의 노비인 만적이 난을 일으키려다 실패했습니다. 무신 정권이 시작된 이후 전국에서 하층민의 저항 운동이 일어나고 있습니다.

만적이 난을 일으키려고 했던 이유는 살기 힘들었기 때문입니다. 하지만 그보다 더 근본적인 이유가 있었다고 합니다. 바로 **천민**이라는 신분에서 해방되고 싶다는 바람 때문입니다. 천민은 신분제의 가장 아래층에 있는 사람들로, 대부분이 주인을 위해 일하는 노비였습니다. 노비들은 주인의 소유물로 살면서 사람대접을 받지 못하고, 심지어 주인에게 매를 맞기까지 했습니다. 만적은 그런 삶에서 벗어나고 싶었던 것입니다.

1198년, 만적은 개경 송악산에 노비들을 불러 모아 이렇게 말했다고 합니다. "무신 정변 이래로 천한 무리에서 높은 벼슬에 오르는 일이 많다. 그런데 어찌 우리는 채찍 아래에서 뼈 빠지게 일만 해야 하는가? 우리도 한번 세상을 바꿔 보자!" 노비들은 만적의 말에 동의했습니다. 만적은 뜻을 같이할 사람 수가 많아지면 난을 일으키리라 계획을 세웠습니다. 하지만 비밀이 새어 나갔습니다. 순정이라는 자가 이를 자기 주인에게 일러바쳤고, 그 주인은 최충헌에게 알렸습니다. 최충헌은 만적을 붙잡았고, 난에 가담한 노비들을 강에 빠뜨려 죽였습니다. 이 사건을 **만적의 난**이라고 합니다.

고려 사회는 노비 만적이 신분 해방을 부르짖은 데 놀란 분위기입니다. 그동안 신분 차별을 받아 온 이들도 영향을 받아 들썩들썩한다니 두고 보아야 하겠습니다.

 어려워서 소리 내어 읽었어요.
 흥미로워요.
 이해가 안 돼요.
 아는 내용이에요.
 놀라워요.
 더 알고 싶어요.

함께 읽어요 고려 역사 속 숨은 영웅들 | 김은빈 | 뜨인돌어린이 (4학년 이상)

월   일

한 문장 요약
무신 정권 시기, 만적이 노비 신분에서 벗어나고자 난을 일으키려 했으나 실패한 후 죽임을 당했다.

초성 퀴즈
1. 노비 만적이 일으키려다 실패한 신분 해방 운동   ㅁㅈㅇㄴ
2. 고려 시대 신분제의 가장 아래층 신분   ㅊㅁ

미니 퀴즈
1. 만적은 누구의 노비였나요?
2. 만적이 난을 일으키려 한 근본적인 이유는 무엇인가요?

1198년
만적의 난

핵심어 뽑기
기사에서 핵심어 3개를 뽑아 보세요.

미니 논술
만적의 난이 성공했다면, 고려 사회는 어떻게 바뀌었을까요?

정답 **초성 퀴즈** 1. 만적의 난 2. 천민 **미니 퀴즈** 1. 최충헌 2. 노비 신분에서 벗어나고 싶어서
핵심어 예시 신분제, 천민, 만적의 난 등 **미니 논술** 신분제가 무너지고 노비도 자유롭게 관직에 오를 수 있었을 것이다.

몽골의 침략, 고려에 드리운 먹구름

처인성 전투

　고려에 몽골이 쳐들어왔습니다. 고려는 끝까지 맞섰지만, 막강한 몽골에 결국 고개를 숙이고 말았습니다.

　몽골은 칭기즈 칸이라는 인물이 여러 부족을 통일하고 건설한 대제국입니다. 이후 세계 곳곳을 정복하며 힘을 뻗어 나갔고, 그 힘은 고려에도 닿았습니다. 몽골은 1218년 고려를 침입한 거란을 함께 물리쳐 주었다는 이유로 고려에게 공물을 바치라고 했습니다. 고려는 힘이 센 몽골에 맞설 수 없어 공물을 바치고 외교 관계를 맺었습니다.

　이후 몽골 사신 저고여가 고려에 왔다가 돌아가는 길에 죽는 사건이 일어났습니다. 몽골은 고려인이 저고여를 죽였을 거라면서 고려와 관계를 끊어 버렸습니다. 그리고 1231년, 몽골의 장군 살리타가 고려에 쳐들어왔습니다. 고려는 몽골을 막기 위해 일어섰습니다. 살리타가 처인성을 공격하자 승려 김윤후와 백성들이 힘을 합쳐 싸웠습니다. 결국 살리타를 물리치게 되지요. 이 전투가 **처인성 전투**입니다.

　한편 처인성 전투가 있기 전, 권력을 잡고 있던 최씨 정권의 최우는 몽골을 피해 **강화도**로 수도를 옮겼습니다. 하지만 전쟁은 40여 년이나 계속됐습니다. 나라는 쑥대밭이 됐고, 백성들도 큰 피해를 입었습니다. 결국 무신 정권이 무너지며 고려는 몽골과 협상해 전쟁을 끝내기로 했습니다. 고려는 몽골의 요구에 따라 수도를 다시 개경으로 옮겼습니다. 몽골이 요구하는 것들을 들어줄 수밖에 없게 된 고려의 앞날이 어둡습니다.

 어려워서 소리 내어 읽었어요.
 흥미로워요.
 이해가 안 돼요.
 아는 내용이에요.
 놀라워요.
 더 알고 싶어요.

함께 읽어요 처인성의 빛나는 밤 | 신은영 | 단비어린이 (4학년 이상)

월   일

한 문장 요약
몽골이 처인성에 쳐들어오자, 최씨 무신 정권이 강화도로 수도를 옮겨 맞서다 몽골과 협상해 전쟁을 마무리했다.

초성 퀴즈
1. 승려 김윤후와 백성들이 몽골군과 싸워 이긴 싸움   ㅊㅇㅅ ㅈㅌ
2. 몽골이 고려를 공격하자 최씨 정권이 수도를 옮긴 곳   ㄱㅎㄷ

미니 퀴즈
1. 몽골은 어떤 사건을 구실로 고려를 침략했나요?
2. 몽골과의 전쟁 이후 주된 변화를 말해요.

1231년
몽골의 침입

핵심어 뽑기
기사에서 핵심어 3개를 뽑아 보세요.

미니 논술
몽골을 피해 강화도로 수도를 옮긴 최씨 정권에 대해 어떻게 생각하나요?

정답 **초성 퀴즈** 1. 처인성 전투 2. 강화도 **미니 퀴즈** 1. 몽골 사신이 죽은 사건 2. 몽골의 요구를 들어줄 수밖에 없게 됐다.
핵심어 예시 처인성 전투, 몽골, 김윤후 등 **미니 논술** 나라의 안위를 걱정하지 않는 정권이라고 생각한다.

공민왕, 개혁 정치를 펼치다

노국 공주와 공민왕

몽골은 이름을 바꿔 원나라를 세웠습니다. 고려는 이제 원나라의 간섭을 받고 있다는 소식입니다. **원 간섭기**가 시작된 겁니다.

고려는 원에게 끈질기게 저항한 덕분에 독립국으로 남을 수는 있었습니다. 그러나 정치적으로는 원의 뜻에 따라야 했습니다. 고려의 왕은 원에 충성한다는 뜻으로 이름 앞에 '충' 자를 붙여야 했습니다. 왕의 이름을 충렬왕, 충선왕, 충숙왕, 충혜왕, 충목왕, 충정왕이라고 한 겁니다. 뿐만 아니라 새 왕을 정하는 일도 원의 허락을 받아야 했습니다. 심지어 왕비도 원의 공주로 맞이해야 했지요.

이런 상황에서 새로 왕이 된 인물이 화제입니다. 이전 왕들과 달리 이름 앞에 '충' 자를 붙이지 않은 **공민왕**입니다. 공민왕은 원으로부터 벗어나고자 여러 정책을 펼쳤습니다.

공민왕은 고려 동북부 지역에 설치된 원의 관청, 쌍성총관부를 공격해 원에게 빼앗겼던 땅을 되찾았습니다. 또 머리 모양이나 옷 등 원의 풍습을 따라 하지 못하게 했습니다. 그리고 원의 눈치를 보지 않고 고려를 위해 진심을 다할 실력 있는 관리들을 새로 뽑기도 했습니다. 이를 반원 정책이라고 합니다.

공민왕이 조금씩 원의 지배에서 벗어나고자 하는 상황에서 안타까운 소식이 들려왔습니다. 공민왕의 아내인 노국 공주가 아기를 낳다가 세상을 떠났다고 합니다. 공민왕은 깊은 슬픔에 빠졌고, 고려는 앞날을 알 수 없는 상황 속에 있습니다.

 어려워서 소리 내어 읽었어요.
 흥미로워요.
 이해가 안 돼요.
 아는 내용이에요.
 놀라워요.
 더 알고 싶어요.

함께 읽어요 고려의 마지막 불꽃 | 양지안 | 스푼북 (4학년 이상)

월 일

한 문장 요약

고려가 원의 간섭을 받던 시기에 왕이 된 공민왕은 원으로부터 벗어나고자 반원 정책을 펼쳤다.

초성 퀴즈

1. 몽골과의 전쟁 후, 고려가 원의 간섭을 받았던 시기 ㅇ ㄱㅅㄱ
2. 원의 풍습을 금지하는 등 반원 정책을 펼친 왕 ㄱㅁㅇ

미니 퀴즈

1. 원이 고려 왕의 이름 앞에 '충' 자를 붙였던 까닭은 무엇인가요?
2. 공민왕은 동북쪽의 영토를 되찾기 위해 어디를 공격했나요?

1351년 공민왕 즉위

핵심어 뽑기

기사에서 핵심어 3개를 뽑아 보세요.

미니 논술

여러분이라면 어떤 반원 정책을 펼쳤을 것 같은가요?

정답 **초성 퀴즈** 1. 원 간섭기 2. 공민왕 **미니 퀴즈** 1. 원에게 충성한다는 뜻으로 2. 쌍성총관부
핵심어 예시 공민왕, 원 간섭기, 반원 정책 등 **미니 논술** 군사력을 키우고, 문화와 제도를 우리 식으로 다시 바꿀 것이다.

고려 말에 등장한 새로운 세력들

정도전

고려에 새로운 세력들이 등장했습니다. 고려 말에 외적을 물리친 신흥 무인 세력, 고려를 개혁하자고 목소리를 높이는 **신진 사대부**입니다.

신흥 무인 세력은 홍건적과 왜구를 물리치며 이름을 널리 알렸습니다. 홍건적은 원에 반대하는 반란군으로, 머리에 붉은 두건을 쓰고 다닌다 해서 붙여진 이름입니다. 왜구는 일본 해적을 가리킵니다. 홍건적은 한때 개경까지 밀고 들어왔고, 왜구는 자주 해안가에 침입해 백성들을 괴롭히곤 했습니다. 홍건적과 왜구를 물리친 대표적인 무인이 바로 최영과 이성계입니다. 최영과 이성계는 원이 고려를 지배하기 위해 만든 쌍성총관부를 공격해서 그들이 하는 일을 막기도 했던 인물들입니다.

고려 개혁을 외치는 정몽주와 정도전도 화제가 되고 있습니다. 이들은 고려 말 원에 충성하면서 잘 먹고 잘 살던 **권문세족**을 비판하며 등장했습니다. 이렇게 새롭게 등장한 세력을 신진 사대부라고 합니다. 신진 사대부는 유학의 한 갈래인 성리학을 받아들였습니다. 고려를 함부로 대하는 원을 싫어하여 명과 가까이 지냈지요.

같은 신진 사대부이지만 정몽주와 정도전은 고려를 어떤 방법으로 개혁할지에 대한 의견이 다릅니다. 정몽주는 고려를 유지하며 옳지 않은 부분만 고쳐 가면 된다고 하고, 정도전은 고려를 무너뜨리고 새 왕조를 세워야 한다고 생각합니다. 서로 의견이 다른 정몽주와 정도전이 계속 같은 편에 서서 목소리를 낼지 궁금해집니다.

어려워서 소리 내어 읽었어요. | 흥미로워요. | 이해가 안 돼요. | 아는 내용이에요. | 놀라워요. | 더 알고 싶어요.

함께 읽어요 푸른 매 해동청, 고려 하늘을 날아라! | 김경숙 | 푸른숲주니어 (4학년 이상)

월　　일

 한 문장 요약
고려 말, 홍건적과 왜구를 물리친 최영, 이성계 등 신흥 무인 세력과 고려 개혁을 주장하는 정몽주, 정도전 등 신진 사대부가 등장했다.

 초성 퀴즈
1. 고려 말, 원에 충성하며 잘 먹고 잘 살던 사람들 ㄱㅁㅅㅈ
2. 고려 말, 권문세족을 비판하며 등장한 새로운 세력 ㅅㅈ ㅅㄷㅂ

미니 퀴즈
1. 고려 말에 등장한 신흥 무인 세력의 대표 인물 두 명은 누구인가요?
2. 정도전은 고려 개혁에 대해 어떤 의견을 가지고 있었나요?

핵심어 뽑기
기사에서 핵심어 3개를 뽑아 보세요.

 미니 논술
정몽주와 정도전의 의견 중 동의하는 쪽과 이유를 말해요.

1362년 최영, 홍건적 격퇴

1380년 이성계, 왜구 격퇴

정답 **초성 퀴즈** 1. 권문세족 2. 신진 사대부　**미니 퀴즈** 1. 최영, 이성계 2. 고려를 무너뜨리고 새 왕조를 세워야 한다는 의견
핵심어 예시 신흥 무인 세력, 권문세족, 신진 사대부 등　**미니 논술** 나라를 무너뜨릴 수는 없기 때문에 정몽주의 의견에 동의한다.

이성계가 위화도 회군을 하고 있다고?

위화도 회군

이성계가 요동을 정벌하러 가다가 위화도에서 군사를 되돌려 개경으로 오고 있다고 합니다. 이는 왕의 명령을 어기는 엄청난 사건입니다.

사건은 공민왕 때 원으로부터 찾은 땅을 명나라가 되돌려 달라고 하면서 시작됐습니다. 원과 친하게 지낸 친원파는 명의 요구를 거절해야 한다고 주장했습니다. 고려 우왕과 최영은 친원파의 주장을 받아들여, 아예 명을 공격해 요동 땅을 빼앗기로 결정했습니다.

우왕과 최영은 이성계에게 요동을 정벌하라고 했습니다. 이성계는 명과 전쟁을 하면 안 된다는 생각에 네 가지 이유를 들어 반대했습니다. 첫째는 작은 나라가 큰 나라를 공격해서는 안 된다는 것, 둘째는 여름철에는 농사일을 해야 해서 군사를 일으키기 힘들다는 것, 셋째는 요동에서 전쟁을 하면 틈을 노려 왜구가 쳐들어올 수 있다는 것, 넷째는 장마철이라 활이 눅눅해져 쓸 수 없고 군사들이 전염병에 시달릴 수 있다는 것이었습니다.

우왕은 이성계의 말을 들어주지 않았습니다. 왕의 명령을 어길 수 없던 이성계는 군사들을 이끌고 전쟁을 하러 나섰습니다. 이성계는 압록강 가운데 있는 위화도에 도착했지만 더 이상 나가기 어려웠습니다. 이성계는 고심 끝에 결단을 내려 군사를 돌렸다고 즉, 회군했다고 합니다. 이 사건을 위화도 회군이라고 합니다.

왕의 명령을 어기고 돌아오고 있는 이성계의 운명은 어떻게 될지 많은 이들이 관심을 가지고 지켜보고 있습니다.

 어려워서 소리 내어 읽었어요.
 흥미로워요.
 이해가 안 돼요.
 아는 내용이에요.
 놀라워요.
 더 알고 싶어요.

함께 읽어요 왜 이성계는 위화도에서 군대를 돌렸을까? | 김갑동 | 자음과모음 (5학년 이상)

월 일

한 문장 요약
우왕의 명령을 받고 명의 땅인 요동을 정벌하기 위해 나선 이성계가 위화도에서 군사를 돌렸다.

초성 퀴즈
1. 고려 말 우왕이 이성계를 시켜 정벌하라고 한 곳 ㅇㄷ
2. 이성계가 요동 정벌을 가다 위화도에서 군사를 돌린 사건 ㅇㅎㄷ ㅎㄱ

미니 퀴즈
1. 고려가 요동 땅을 빼앗기로 한 까닭은 무엇인가요?
2. 이성계가 요동 정벌이 어렵다며 내세운 첫째 이유를 말해요.

1388년
위화도 회군

핵심어 뽑기
기사에서 핵심어 3개를 뽑아 보세요.

미니 논술
이성계가 요동 정벌을 반대한 네 가지 이유 중 무엇이 가장 이해되나요?

정답 **초성 퀴즈** 1. 요동 2. 위화도 회군 **미니 퀴즈** 1. 명이 땅을 되돌려 달라고 해서 2. 작은 나라가 큰 나라를 공격해선 안 된다. **핵심어 예시** 이성계, 요동, 위화도 회군 등 **미니 논술** 둘째 이유로, 농사일로 바쁜 사람들을 전쟁터로 끌고 가면 농사를 짓지 못하게 되니 안 된다는 점이 가장 이해됐다.

고려, 역사 속으로 사라지다

정몽주

　이성계가 위화도에서 군사를 돌려온 뒤, 고려를 무너뜨리고 새 왕조를 세웠다는 소식입니다. 군사를 돌려 수도 개경으로 돌아온 이성계는 신진 사대부와 손잡고 반대 세력을 몰아냈습니다. 이 과정에서 최영과 친원파들이 죽었고, 우왕도 쫓겨났습니다.

　신진 사대부는 다음 왕으로 우왕의 아들인 창왕을 올려 세웠습니다. 하지만 이성계가 곧 창왕을 내쫓고 자기 가족과 관계있는 **공양왕**을 왕의 자리에 앉혔습니다. 그런데 공양왕은 힘없는 허수아비였고, 결국 이성계가 권력을 잡게 됩니다.

　이성계는 신진 사대부와 손잡고 개혁을 시작했습니다. 그동안 권문세족은 나라 곳곳에 넓은 땅을 갖고 농민들을 살기 어렵게 하고 있었습니다. 이성계는 권문세족의 땅을 빼앗아 나라의 땅으로 만들었습니다. 이제 농민들의 생활도 나아질 겁니다.

　고려를 바꾸어 가던 이성계는 놀라운 일을 벌였습니다. 때는 1392년 봄이었습니다. 고려 개혁을 두고 정도전과 의견을 달리했던 **정몽주**가 죽임을 당했습니다. 정몽주는 고려라는 나라는 그대로 두고 잘못된 부분을 바로 세워야 한다고 주장하는 대표적인 인물이었습니다. 정몽주가 죽고 나니 같은 의견을 가지고 있던 이들도 힘을 잃었습니다.

　마침내 정도전 등은 고려의 마지막 왕 공양왕을 몰아내고 이성계를 새 왕으로 올렸습니다. 때는 1392년 음력 7월 17일입니다. 이로써 474년의 역사를 가진 고려는 사라졌습니다.

어려워서 소리 내어 읽었어요. / 흥미로워요. / 이해가 안 돼요. / 아는 내용이에요. / 놀라워요. / 더 알고 싶어요.

함께 읽어요　who? 한국사 : 정몽주 | 최재훈 | 다산어린이 (5학년 이상)

월 일

한 문장 요약
위화도 회군을 한 이성계가 왕을 몰아내고 정권을 잡아 새로운 나라의 왕이 되었다.

초성 퀴즈
1. 고려의 마지막 왕 ㄱㅇㅇ
2. 고려를 유지하며 개혁해야 한다고 주장하다 죽임을 당한 인물 ㅈㅁㅈ

미니 퀴즈
1. 위화도 회군을 한 이성계는 개경으로 와서 무엇을 했나요?
2. 정몽주가 제거되자 같은 의견을 가졌던 이들은 어떻게 됐나요?

핵심어 뽑기
기사에서 핵심어 3개를 뽑아 보세요.

1389년 공양왕 즉위

1392년 고려 멸망

미니 논술
이성계가 새 나라를 세우는 방식에 대해 어떻게 생각하나요?

정답 **초성 퀴즈** 1. 공양왕 2. 정몽주 **미니 퀴즈** 1. 반대 세력을 몰아내고 권력을 잡았다. 2. 고려를 유지하자고 주장할 힘을 잃었다.
핵심어 예시 최영, 공양왕, 정몽주 등 **미니 논술** 나라를 개혁하기도 하였으나 힘으로 왕을 몰아낸 것이 아쉽다.

| 61 | 선사 | 고조선 초기 국가 | 삼국 | 남북국 | **고려** | 조선 | 대한 제국 일제 강점기 | 대한민국 |

고려의 문화 유산을 찾아

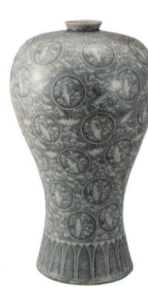

청자 상감 운학무늬 매병

역사 속으로 사라진 고려를 기억하기 위해 특별 취재를 했습니다. 바로 고려 문화재를 돌아보는 시간입니다.

고려는 여러 문화유산을 남겼습니다. 대표적인 것이 **상감 청자**입니다. 상감 청자는 아름다운 비색으로 유명합니다. 그 어디서도 볼 수 없는 투명하고 아름다운 색이라 많은 이들이 반했다고 합니다. 상감 청자는 도자기에 무늬를 새긴 다음 흰색이나 붉은색 흙을 무늬에 넣어 만듭니다. 이 기법을 '상감'이라고 해서 이름도 상감 청자입니다. 상감 청자 중 대표적인 것이 '청자 상감 운학무늬 매병'입니다. 구름과 학 무늬가 새겨진 긴 병으로 12세기에 만들어졌다고 합니다.

팔만대장경 또한 고려의 대표적인 문화유산입니다. 몽골이 쳐들어왔을 때 많은 이들이 나라를 지키고자 팔만대장경을 만들었습니다. 팔만대장경은 8만여 장의 나무판에 부처의 가르침인 불경을 새겼다 해서 붙여진 이름입니다. 새겨진 글자는 5,200만 자가 넘습니다. 그런데도 글씨를 써 놓은 모양이 고를 뿐만 아니라 틀린 글자도 거의 없습니다. 부처의 힘을 빌려 위기를 이겨 내고자 하는 마음이 얼마나 컸는지 알 수 있습니다.

미래 기자의 말에 따르면, 팔만대장경은 유네스코 세계 기록 유산으로 지정되었습니다. 또 800년 가까이 팔만대장경을 보관해 온 합천 해인사 장경판전도 유네스코 세계 유산으로 지정되었습니다.

 어려워서 소리 내어 읽었어요.
 흥미로워요.
 이해가 안 돼요.
 아는 내용이에요.
 놀라워요.
 더 알고 싶어요.

함께 읽어요 나무에 새긴 팔만대장경 | 윤영수 | 한솔수북 (4학년 이상)

월 일

한 문장 요약
고려의 대표적인 문화재로는 비색이 아름다운 상감 청자와 몽골 침입 때 만든 팔만대장경이 있다.

초성 퀴즈
1. 상감 기법으로 만든 고려의 청자 ㅅㄱ ㅊㅈ
2. 몽골 침입을 이겨 내려는 마음으로 불경을 새긴 나무판 ㅍㅁㄷㅈㄱ

미니 퀴즈
1. 상감 청자 중 구름과 학 무늬가 새겨진 매병 이름은 무엇인가요?
2. 팔만대장경에 부처의 가르침인 불경을 새긴 이유는 무엇인가요?

918년~ 1392년

고려

핵심어 뽑기
기사에서 핵심어 3개를 뽑아 보세요.

미니 논술
팔만대장경을 만든 백성들의 마음은 어땠을까요?

정답 **초성 퀴즈** 1. 상감 청자 2. 팔만대장경 **미니 퀴즈** 1. 청자 상감 운학무늬 매병 2. 부처의 힘으로 외적의 침입을 이겨 내려고
핵심어 예시 상감 청자, 팔만대장경, 장경판전 등 **미니 논술** 전쟁이 끝나길 바라는 마음이 간절했을 것이다.

고려 박물관

왕건 동상
951년에 왕건을 기리기 위해 만든 청동상으로 북한 개성에서 발견됐어요.

장양수 홍패
1205년, 과거 시험에 합격한 장양수에게 왕이 내려준 문서예요.

처인성 전투
승려 김윤후와 백성들이 몽골군에 맞서 싸운 처인성 전투를 그린 기록화예요.

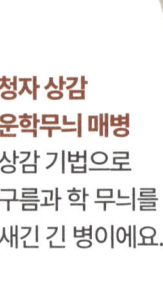

청자 상감 운학무늬 매병
상감 기법으로 구름과 학 무늬를 새긴 긴 병이에요.

공민왕·노국공주 초상
31대 왕 공민왕과 왕비인 노국공주를 함께 그린 초상화예요.

합천 해인사 장경판전
팔만대장경을 800년 가까이 보관하고 있는 곳으로 유네스코 세계 유산이에요.

조선

고려가 끝나자 조선이 시작되었어요. 조선은 태조 이성계가 건국한 나라로 약 600년간 이어졌지요. 조선은 유교를 중심으로 법과 제도를 만들었고, 이를 바탕으로 백성을 다스렸어요.

세종 대왕이 훈민정음을 만들어 백성들이 글을 쉽게 읽고 쓸 수 있게 된 것은 조선 시대의 큰 업적이에요. 이제 조선 시대 속으로 들어가 이때는 어떤 인물과 사건이 있었는지, 우리 문화가 어떻게 발전했는지 알아볼까요?

이성계, 조선을 건국하다

한양 도성도

새 나라가 일어섰습니다. 바로 **조선**입니다. 이성계는 위화도 회군 4년 뒤인 1392년에 조선을 건국하고 1대 왕 태조가 되었습니다.

이성계는 새 나라를 세웠지만, 처음에는 고려라는 국호(나라 이름)를 그대로 썼습니다. 이성계는 왕을 제거하고 왕위에 오른 것이라 나라 이름마저 바꾸면 백성들이 반란을 일으킬까 우려한 것이라는 분석이 있습니다. 그러다 7개월여 만에 국호를 조선으로 바꿨습니다.

이성계는 수도도 새로 정했습니다. 미래의 서울인 **한양**입니다. 한양은 나라의 중심에 위치해 있어 나라를 다스리기 좋습니다. 또 한강이 흐르고 있어서 배들이 오고가기 편리합니다. 게다가 주변에 큰 산이 있어 외적이 쳐들어왔을 때 방어하기도 좋습니다. 주변 땅이 기름져 농사가 잘되는 점도 한양이 수도로 적당하다고 판단한 이유입니다.

한양을 수도로 정한 후에는 궁궐을 짓고, 성곽을 둘러쌓았습니다. 궁궐의 이름은 큰 복을 부른다는 뜻으로 경복궁이라고 짓고 중요한 시설들을 세웠습니다. 경복궁 앞에는 관청들을 지었습니다. 경복궁의 동쪽과 서쪽에 각각 조선 왕조의 조상을 모시는 제사 공간인 종묘, 토지의 신과 곡물의 신에게 제사를 지내는 공간인 사직단도 정했습니다.

이제 한양은 조선의 중심이 되어 가고 있습니다. 이성계가 앞으로 조선을 어떤 나라로 만들어 갈지 시선이 모이고 있습니다.

 어려워서 소리 내어 읽었어요. 흥미로워요. 이해가 안 돼요. 아는 내용이에요. 놀라워요. 더 알고 싶어요.

 함께 읽어요 새로운 조선을 위하여 | 김해원 | 스푼북 (4학년 이상)

월   일

한 문장 요약
이성계가 새 나라 조선을 건국하고, 새로 정한 수도 한양에 종묘, 사직단, 궁궐 등의 주요 시설을 세웠다.

초성 퀴즈
1. 이성계가 세운 새 나라 이름 ㅈㅅ
2. 조선의 수도 ㅎㅇ

미니 퀴즈
1. 이성계는 왜 처음에는 고려라는 국호를 그대로 썼나요?
2. 경복궁의 동쪽과 서쪽에 각각 무엇을 세웠나요?

핵심어 뽑기
기사에서 핵심어 3개를 뽑아 보세요.

1392년
조선 건국

1394년
한양 천도

미니 논술
이성계가 세운 나라는 앞으로 어떻게 성장할지 예상해 보세요.

정답 **초성 퀴즈** 1. 조선 2. 한양 **미니 퀴즈** 1. 백성들이 반란을 일으킬까 봐 2. 종묘, 사직단
핵심어 예시 이성계, 조선, 한양 등 **미니 논술** 유교를 중시하고 농사를 중요하게 여기는 나라가 될 것 같다.

조선은 유교의 나라

태조 이성계

　이성계가 조선을 세웠다는 소식에 전국이 들썩들썩하고 있습니다. 새 왕실에서는 이성계와 정도전 등이 조선을 어떻게 이끌어 갈지 매일 고민 중이라고 합니다.

　우선 **유교**를 나라의 기본 정신으로 삼기로 했습니다. 왕조가 바뀌어 혼란스러운 상황을 빠르게 안정시키려면, 조선을 건국한 일이 정당하다고 알려야 했습니다. 이성계와 정도전은 유교가 그 역할을 해 줄 거라고 생각했다고 합니다.

　유교는 백성이 나라의 근본이며, 왕이나 지도자가 백성을 위하는 정치를 해야 한다고 강조합니다. 그러면서 왕이나 지도자가 도덕적으로 바르게 행동해야 한다고 가르칩니다. 이성계는 이런 유교의 가르침을 따라 좋은 지도자가 되어 나라를 잘 다스리고 싶었던 것으로 보입니다.

　이성계는 유교가 조선에 뿌리내리게 하고 싶었습니다. 유교는 어진 마음으로 부모에게 효를 다하고, 왕에게 충성을 다하는 것을 중요하게 여깁니다. 이런 유교 정신을 새기면, 가족과 사회에서 사람들이 어떻게 행동해야 할지에 대한 규칙을 바르게 세울 수 있다고 생각했습니다. 유교가 사람들 사이에 질서를 만들어 줄 거라고 본 겁니다. 이성계는 이를 위해 유교 교육에 관심을 갖고 유학 공부를 장려하고 있습니다.

　한편, 고려 사회에 큰 영향을 준 불교는 더 이상 믿지 못하게 했습니다. 이렇게 불교를 억제하고 유교를 떠받들게 하는 정책을 **숭유억불 정책**이라고 합니다.

어려워서 소리 내어 읽었어요. 　흥미로워요. 　이해가 안 돼요. 　아는 내용이에요. 　놀라워요. 　더 알고 싶어요.

함께 읽어요 유교 위에 세워진 조선의 법과 정치 | 양태석 | 주니어RHK (4학년 이상)

월 일

한 문장 요약
이성계는 나라를 빠르게 안정시키고 조선 건국의 정당성을 알리기 위해, 유교를 나라의 기본 정신으로 삼았다.

초성 퀴즈
1. 이성계가 나라의 기본 정신으로 삼은 것   ㅇㄱ
2. 불교를 믿지 못하게 하고 유교를 받들게 하는 정책   ㅅㅇㅇㅂ ㅈㅊ

미니 퀴즈
1. 이성계가 유교를 나라의 기본 정신으로 삼은 큰 이유는 무엇인가요?
2. 유교에서 강조하는 두 가지를 말해요.

1392년
숭유억불 정책 실시

핵심어 뽑기
기사에서 핵심어 3개를 뽑아 보세요.

미니 논술
조선의 숭유억불 정책에 대해서 어떻게 생각하나요?

정답 **초성 퀴즈** 1. 유교 2. 숭유억불 정책 **미니 퀴즈** 1. 조선 건국의 정당성을 알리려고 2. 효, 충성
핵심어 예시 유교, 숭유억불 정책, 정도전 등 **미니 논술** 불교 문화가 억눌리게 돼 아쉽다.

태종 이방원, 나라의 기틀을 다지다

호패

조선이 나라의 기틀을 새로이 만들어 가고 있습니다. 학문을 하는 문반과 무예를 하는 무반, 즉 양반을 과거 시험을 통해 뽑아 왕과 함께 일하도록 했습니다. 의정부라는 기관을 두어 영의정, 좌의정, 우의정, 세 정승이 서로 의논하여 나랏일을 결정하기도 했습니다.

조선의 3대 왕이 된 태종 이방원도 나라의 기틀을 다지는 데 한창입니다. 놀라운 점은 이방원이 형제들을 죽이고 왕이 되었다는 것입니다. 심지어 아버지 태조마저 궁에서 몰아냈습니다. 이방원은 사실 조선 건국에 큰 공을 세웠습니다. 그런데 왕위를 계승할 수 없게 되자 반란을 일으킨 겁니다. 왕 자리를 차지한 이방원은 왕의 힘을 강화하고 나라를 안정시키기 위해 여러 정책을 펼치느라 분주한 상황입니다.

우선 호패법을 만들어 실시했습니다. 미래 기자의 말에 따르면, 호패는 미래의 신분증과 같다고 합니다. 호패법이 생기면서 열여섯 살 이상이 된 남자는 신분과 나이를 알 수 있는 호패를 가지고 다녀야 합니다. 조선은 호패법을 통해 인구 수를 알고, 세금을 걷으며 군대에 갈 수 있게 했습니다.

또한 나라를 효율적으로 다스리기 위해 전국을 8개의 도로 나누었습니다. 왕의 지시를 정부 각 부서에 전달하고 실행하게 하는 승정원, 중대한 범죄를 조사하고 법을 집행하며 질서를 유지하는 역할을 하는 의금부도 만들었습니다. 백성들이 억울한 일을 당했을 때 신문고라는 북을 울려 왕에게 알릴 수 있도록 했습니다.

 어려워서 소리 내어 읽었어요.
 흥미로워요.
 이해가 안 돼요.
 아는 내용이에요.
 놀라워요.
 더 알고 싶어요.

함께 읽어요 소년의 꿈, 태종 이방원 | 김경희 | 자유로운상상 (5학년 이상)

월   일

한 문장 요약
태종 이방원은 호패법을 실시하고, 승정원, 의금부, 신문고 제도 등을 만들며 나라의 기틀을 다지는 데 힘썼다.

초성 퀴즈
1. 열여섯 살 이상 남자가 항상 지녀야 하는 것 ㅎㅍ
2. 왕의 지시를 각 부서에 전달하고 실행하게 하는 기관 ㅅㅈㅇ

미니 퀴즈
1. 문반과 무반을 아울러 무엇이라고 부르나요?
2. 호패법 실시 외 이방원이 한 일들을 말해요.

1402년
호패법 실시

핵심어 뽑기
기사에서 핵심어 3개를 뽑아 보세요.

미니 논술
신문고처럼 백성이 억울한 일을 왕에게 알릴 방법이 있을까요?

정답
초성 퀴즈 1. 호패 2. 승정원 **미니 퀴즈** 1. 양반 2. 승정원, 의금부, 신문고 제도를 만들고 조선을 8개 도로 나누었다.
핵심어 예시 이방원, 호패, 승정원 등 **미니 논술** 매월 한 번씩 왕과 대화하는 자리를 갖는다.

세종, 조선의 문화를 발전시키다

앙부일구

　세종이 1418년 조선의 4대 왕이 되어 문화를 발전시키고 있습니다.

　세종은 아버지 태종이 왕권을 강하게 다져 놓은 뒤에 왕위에 올랐습니다. 덕분에 안정적으로 많은 일들을 할 수 있었습니다. 세종은 특히 백성이 잘사는 나라를 만들기 위해 학문과 과학 기술을 발전시키고 있습니다.

　세종은 학문을 사랑하는 왕입니다. 학문을 발전시키기 위해 학자들이 학문을 연구할 수 있는 **집현전**을 만들었습니다. 세종은 능력 있는 관리를 뽑아 집현전에서 유교 경전을 공부하고 나랏일을 어떻게 할지 의견도 내게 했습니다. 신숙주, 성삼문, 정인지 등이 이곳에서 열심히 공부하고 있다고 합니다.

　세종은 백성들의 생활에 도움이 되는 과학 기술 발전에도 관심을 가지고 있습니다. 장영실에게 명령하여 측우기를 만들게 했습니다. 측우기는 비의 양을 측정하는 기구입니다. 물시계인 자격루, 해시계인 앙부일구, 하늘에서 일어나는 현상을 관측하는 기구인 혼천의 등도 만들었습니다. 세종이 이런 기구들을 만든 것은 날씨, 시간, 계절의 변화를 아는 것이 농사일에 중요하기 때문입니다. 세종은 우리 땅에 맞는 농사법을 정리한 '**농사직설**'이라는 책까지 만들어 농사에 도움이 되게 하고 있습니다.

　그뿐 아니라 북쪽 지역을 안정화하기 위해 여진족과도 전투를 했습니다. 그 결과 북쪽 국경을 지키고 영토도 확장하고 있다고 합니다.

어려워서 소리 내어 읽었어요.	흥미로워요.	이해가 안 돼요.	아는 내용이에요.	놀라워요.	더 알고 싶어요.

함께 읽어요　여기는 집현전 | 손주현 | 책과함께어린이 (3학년 이상)

월 일

한 문장 요약
조선의 4대 왕 세종은 학문을 연구하는 집현전, 측우기, 자격루 등을 만들며 조선의 문화와 과학 기술을 발전시켰다.

초성 퀴즈
1. 세종이 학자들이 학문을 연구할 수 있도록 만든 기관 ㅈㅎㅈ
2. 세종이 만든 우리 땅에 맞는 농사법을 정리한 책 ㄴㅅㅈㅅ

미니 퀴즈
1. 집현전의 역할은 무엇인가요?
2. 세종이 장영실에게 만들도록 명령한 측우기는 어떤 기구인가요?

핵심어 뽑기
기사에서 핵심어 3개를 뽑아 보세요.

1420년
집현전 설치

1441년
측우기 제작

미니 논술
세종이 한 일들은 조선 시대에 어떤 영향을 미쳤을까요?

정답 **초성 퀴즈** 1. 집현전 2. 농사직설 **미니 퀴즈** 1. 관리들이 공부하고 정책에 대한 의견을 내는 곳 2. 비의 양을 측정하는 기구 **핵심어 예시** 세종, 집현전, 농사직설 등 **미니 논술** 나라를 평화롭게 하고 발전시켰다.

백성들을 위한 글자, 훈민정음 탄생!

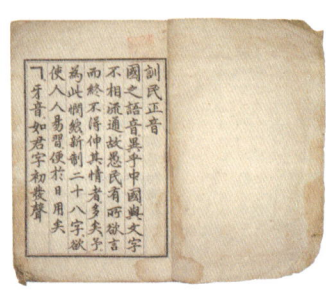

훈민정음 해례본

　세종이 1446년 **훈민정음**을 반포했습니다. 훈민정음은 세종이 **한자**를 잘 모르는 백성들이 쉽게 배우고 쓸 수 있도록 만든 글자입니다.

　세종은 오래전부터 글자 연구에 힘써 왔습니다. 여러 나라의 자료를 공부하며 우리말을 잘 표현할 수 있는 글자를 만들기 위해 애써 왔습니다. 그렇게 스물여덟 개의 글자를 만들고, 백성을 가르치는 바른 소리라는 뜻으로 '훈민정음'이라고 이름 지었습니다.

　조선은 그동안 한자를 썼습니다. 그런데 한자는 일반 백성이 배우기에 너무 어렵고, 우리말을 표현하기에도 적합하지 않았습니다. 세종이 만든 훈민정음은 배우기가 쉽습니다. 아무리 어리석은 사람이라도 열흘이면 깨우칠 수 있다고 합니다. 게다가 소리 글자여서 우리말을 정확히 표기할 수 있다고 합니다.

　글자를 만드는 일은 비밀리에 진행되었습니다. 새로운 글자를 쓰는 것을 반대하는 신하들이 있었기 때문입니다. 조선이 유교 사회다 보니, 유학을 공부한 신하들은 한자가 더 훌륭한 글자라고 생각했습니다. 새로운 문자가 생기면 사회가 너무 급히 변할 것 같다고 우려했습니다. 또 자신들만 알던 한자가 아닌 쉬운 글자가 생기면 자신들의 권위가 낮아질까 염려해서 반대했다고 합니다.

　세종은 신하들의 반대를 물리치고 1446년 훈민정음을 널리 알렸습니다. 쉬운 글자가 생긴 데 백성들이 매우 기뻐하고 있다고 하니 분위기를 더 지켜보아야 하겠습니다.

 어려워서 소리 내어 읽었어요.
 흥미로워요.
 이해가 안 돼요.
 아는 내용이에요.
 놀라워요.
 더 알고 싶어요.

함께 읽어요 한글, 세상을 밝힌 우리글 | 장세현 | 개암나무 (4학년 이상)

월   일

한 문장 요약
세종이 우리말을 잘 담을 수 있는 소리 글자인 훈민정음을 만들어 1446년에 반포했다.

초성 퀴즈
1. 세종이 백성들을 위해 만든 글자 ㅎㅁㅈㅇ
2. 조선 시대에 한글이 만들어지기 전 사용한 글자 ㅎㅈ

미니 퀴즈
1. 훈민정음은 어떤 뜻인가요?
2. 훈민정음 반포를 반대한 신하들이 내세운 이유를 한 가지만 말해요.

핵심어 뽑기
기사에서 핵심어 3개를 뽑아 보세요.

1446년
훈민정음 반포

미니 논술
나라에 글자가 생기면, 어떤 일이 벌어질까요?

정답 **초성 퀴즈** 1. 훈민정음 2. 한자 **미니 퀴즈** 1. 백성을 가르치는 바른 소리 2. 한자가 더 훌륭한 글자라고 생각했다 등
핵심어 예시 훈민정음, 한자, 세종 등 **미니 논술** 의사소통이 원활해지고 문화도 발전할 것이다.

세조, 조카를 내쫓고 왕위에 오르다

세조

조카를 내쫓고 왕의 자리에 오른 세조에 대한 이야기로 요즘 조선 사회가 들썩이고 있습니다.

조선을 안팎으로 잘 다스렸던 세종 다음으로 세종의 아들 문종이 왕이 되었습니다. 문종은 세종처럼 학문을 좋아하고 학자들을 아낀 왕이었지만, 몸이 약했습니다. 그래서 왕위에 오른 지 2년 4개월 만에 세상을 떠났습니다. 이후 문종의 아들 단종이 왕이 되었는데 열두 살로 나이가 어려 황보인, 김종서 등의 신하들이 나랏일을 맡아 했습니다.

이때, 단종의 삼촌인 수양 대군이 왕의 자리에 오르고 싶다는 꿈을 가졌습니다. 수양 대군은 단종을 보호하는 신하들을 없애고 권력을 잡았습니다. 이 사건은 계유년에 일어났다고 해서 **계유정난**이라고 불립니다. 수양 대군은 2년 후 단종을 왕의 자리에서 내쫓고 스스로 왕이 되었습니다. 그 왕이 바로 세조입니다.

조선의 7대 왕 세조는 왕권을 안정시키고 나라를 발전시키기 위해 여러 가지 일을 하고 있습니다. 조선의 군사력을 강화하고, 나라를 다스리는 데 기본이 될 법전도 만들기 시작했습니다. **경국대전**이라는 법전입니다. 경국대전에는 땅이나 집을 팔면 100일 안에 관청에 보고해야 한다는 등의 내용이 담겨 있습니다.

한편, 왕의 자리에서 쫓겨난 단종은 강원도 영월로 유배되었습니다. 궁궐이 있는 한양을 바라보며 헤어진 누님을 그리워하는 등 슬픈 하루하루를 보내고 있다고 합니다.

 어려워서 소리 내어 읽었어요.
 흥미로워요.
 이해가 안 돼요.
 아는 내용이에요.
 놀라워요.
 더 알고 싶어요.

함께 읽어요 어린 임금의 눈물 | 이규희 | 주니어파랑새 (5학년 이상)

월 일

한 문장 요약
문종이 일찍 세상을 떠난 뒤 단종이 어린 나이로 왕위에 오르자, 삼촌 수양 대군이 난을 일으켜 왕의 자리를 차지했다.

초성 퀴즈
1. 세조가 왕이 되기 위해 계유년에 반대파를 제거한 사건 ㄱㅇㅈㄴ
2. 세조 때 만들기 시작한, 조선을 다스리는 데 기본이 되는 법전 ㄱㄱㄷㅈ

미니 퀴즈
1. 세조가 왕이 된 후 한 일들은 무엇인가요?
2. 왕의 자리에서 내려온 단종은 어떻게 되었나요?

핵심어 뽑기
기사에서 핵심어 3개를 뽑아 보세요.

1453년
계유정난

미니 논술
신하들은 단종을 내쫓고 왕위에 오른 세조를 어떻게 생각했을까요?

정답 **초성 퀴즈** 1. 계유정난 2. 경국대전 **미니 퀴즈** 1. 군사력 강화, 법전 만들기 등 2. 강원도 영월로 유배되었다.
핵심어 예시 세조, 계유정난, 경국대전 등 **미니 논술** 무서워하면서도 나라를 잘 이끌기를 바랐을 것이다.

일본, 임진왜란을 일으키다

거북선

　평화롭던 조선에 일본이 쳐들어왔습니다. 그간 전쟁이 없었던 조선은 나라를 튼튼히 하는 일에 소홀했습니다. 유학자 이이가 전쟁을 예측하고 군사 10만 명을 준비시켜야 한다고 주장했지만, 왕은 듣지 않았습니다.

　바다 건너 일본은 도요토미 히데요시라는 자가 분열된 나라를 하나로 통일했습니다. 이후 도요토미 히데요시는 중국까지 뻗어 나가고 싶어 했고 그 길목에 있는 조선을 노렸습니다. 일본은 조선에게 명을 정복하러 갈 테니 길을 내어 달라고 했습니다. 명을 큰 나라로 섬기는 조선은 당연히 거절했습니다. 그러자 1592년 임진년에 일본이 결국 쳐들어왔습니다. **임진왜란**이 터진 겁니다.

　전쟁에 제대로 준비가 되어 있지 않았던 조선은 속수무책으로 당하고 있습니다. 일본은 부산성, 동래성을 무너뜨리고 빠른 속도로 진격해 수도 한양까지 차지했습니다. 이미 선조는 북쪽으로 피란을 간 상황입니다. 백성들은 왕이 백성을 버리고 피란했다는 소식에 큰 충격을 받은 상태입니다.

　한편 전라도 해안에서 수군을 이끄는 이순신이 일본을 물리치고 있다고 합니다. 전쟁을 예상한 이순신은 공격용 판옥선인 **거북선**을 만들고 군사들을 훈련시켜 왔습니다. 이순신은 일본군과 옥포에서 싸워 첫 승리를 거뒀고, 계속해서 승리를 거두고 있습니다. 이순신이 임진왜란으로 위기에 빠진 조선을 구해 내기를 모두가 간절히 바라고 있습니다.

 어려워서 소리 내어 읽었어요.
 흥미로워요.
 이해가 안 돼요.
 아는 내용이에요.
 놀라워요.
 더 알고 싶어요.

함께 읽어요 열두 살의 임진왜란 | 황혜영 | 아울북 (5학년 이상)

월 일

한 문장 요약
일본이 조선에 쳐들어와 빠른 속도로 한양까지 함락시켰지만, 전라도 해안에서 이순신이 거북선을 앞세워 일본군을 격파하고 있다.

초성 퀴즈
1. 1592년 일본이 조선을 침략한 전쟁   ㅇㅈㅇㄹ
2. 이순신이 미리 만들어 임진왜란 때 사용한 판옥선   ㄱㅂㅅ

미니 퀴즈
1. 일본은 어떤 구실로 조선을 침략했나요?
2. 일본이 한양까지 밀고 들어오자 선조는 어떤 선택을 했나요?

핵심어 뽑기
기사에서 핵심어 3개를 뽑아 보세요.

1592년
임진왜란
발발

미니 논술
조선이 미리 전쟁을 대비하지 못한 것에 대해 어떻게 생각하나요?

정답 **초성 퀴즈** 1. 임진왜란 2. 거북선   **미니 퀴즈** 1. 명을 공격하러 갈 테니 길을 내 달라는 구실로 2. 북쪽으로 피란을 갔다.
핵심어 예시 일본, 임진왜란, 거북선 등   **미니 논술** 너무 안일하여 피해를 키운 것 같아 안타깝다.

임진왜란의 영웅 이순신의 마지막 해전

이순신

이순신이 전사했습니다. 노량진 앞바다에서 치른 전투인 노량 해전에서 일본군이 쏜 총탄에 맞아 숨을 거두고 만 것입니다.

1592년 임진왜란을 일으켜 조선을 침략했던 일본은 현재 물러간 상황입니다. 무려 7년 동안 이어진 전쟁으로 조선은 쑥대밭이 되었습니다. 왕이 피란을 간 상황에서 조선을 지킨 것은 바로 의병이었습니다. 의병은 나라를 구하기 위해 스스로 나선 백성입니다. 처음 의병을 일으킨 사람은 경상도의 곽재우입니다. 곽재우는 무너질지 모르는 나라의 운명을 위해 나섰다고 합니다. 의병들은 조선 땅의 지리를 잘 알고 있어서 적은 수로도 일본군에게 큰 피해를 주었습니다.

이번 전쟁에서는 세 번의 큰 싸움이 있었습니다. **한산도 대첩, 진주 대첩, 행주 대첩**입니다. 이를 임진왜란 3대 대첩이라고 합니다. 이 중 한산도 대첩에서는 이순신이 학이 날개를 편 모양으로 적을 공격하는 전술인 학익진을 선보여 화제가 되었습니다. 이순신은 전술에 능한 장군이었습니다. 명량 앞바다에서 치른 명량 대첩에서는 13척의 배로 일본의 330척이 넘는 배와 싸워 크게 이겼습니다.

이후 일본은 임진왜란을 일으킨 도요토미 히데요시가 죽자 조선에서 물러가려고 했습니다. 이때 이순신이 일본군을 쫓아가 노량 해전을 벌이던 중에 전사하고 말았습니다. 노량 해전은 승리했지만, 이순신의 죽음에 많은 군사들과 백성들이 슬퍼하고 있습니다.

 어려워서 소리 내어 읽었어요.
 흥미로워요.
 이해가 안 돼요.
 아는 내용이에요.
 놀라워요.
 더 알고 싶어요.

함께 읽어요 임진왜란 3대 대첩 | 이광희 | 그린북 (5학년 이상)

월 일

한 문장 요약
한산도 대첩 등에서 크게 활약하며 조선을 지켰던 이순신 장군이 노량 해전 중에 전사했다.

초성 퀴즈
1. 일본이 쳐들어왔을 때 스스로 군인이 된 백성 ㅇㅂ
2. 임진왜란 3대 대첩 ㅎㅅㄷ ㄷㅊ, ㅈㅈ ㄷㅊ, ㅎㅈ ㄷㅊ

미니 퀴즈
1. 한산도 대첩에서 이순신이 선보인 전술은 무엇인가요?
2. 임진왜란 중 13척의 배로 330척의 일본 배와 맞선 전투는 무엇인가요?

1598년
노량 해전

핵심어 뽑기
기사에서 핵심어 3개를 뽑아 보세요.

미니 논술
전쟁에서 이기려면 무엇이 중요하다고 생각하나요?

정답 **초성 퀴즈** 1. 의병 2. 한산도 대첩, 진주 대첩, 행주 대첩 **미니 퀴즈** 1. 학익진 2. 명량 대첩
핵심어 예시 한산도 대첩, 진주 대첩, 행주 대첩 등 **미니 논술** 지도자의 전술과 지도력, 그리고 잘 훈련된 병사가 있는 게 중요하다.

정묘호란의 불씨가 된 외교 정책은?

후금을 세운 누르하치

　1627년 정묘호란이 일어났습니다. 임진왜란의 충격이 채 가시지 않았는데 또 다른 나라의 침략으로 조선은 지금 매우 긴장 상태입니다.

　정묘호란의 '호'는 오랑캐란 뜻으로, 한반도 북쪽에 있는 여진을 가리킵니다. 조선이 나라를 다시 일으켜 세우려 애쓰는 사이, 여진은 부족을 통일해 후금이라는 나라를 세웠습니다. 후금은 점차 힘을 키우더니 명나라를 넘보기 시작했고, 결국 전쟁을 일으켰습니다.

　후금과 전쟁을 하게 된 명나라는 조선에게 도움을 요청했습니다. 임진왜란 때 자신들이 도와줬으니 은혜를 갚으란 거였습니다. 조선의 15대 왕 광해군은 고민 끝에 명나라에 군사를 지원하면서도 후금과는 싸우지 않는, 말 그대로 중립 외교를 펼쳤습니다. 덕분에 조선은 명과 후금의 전쟁에 휘말리지 않을 수 있었습니다.

　문제는 광해군의 정책을 못마땅해한 신하들이 광해군을 왕의 자리에서 몰아냈다는 것입니다. 그렇게 해서 인조가 왕이 되었는데, 이를 인조반정이라고 합니다. 인조는 명과 친하게 지내고 후금을 멀리하는 외교 정책을 펼쳤습니다. 이른바 친명배금입니다. 결국 화가 난 후금은 1627년 정묘년에 조선을 침략했습니다. 이것이 정묘호란입니다.

　후금은 조선 관군과 의병이 끈질기게 버티자, 싸움을 오래 끌고 싶지 않았습니다. 후금은 인조가 형제 나라가 되겠다고 약속하자 물러나기로 합니다. 하지만 긴장 상태가 계속되고 있어 더 지켜봐야 할 것 같습니다.

 어려워서 소리 내어 읽었어요.　 흥미로워요.　 이해가 안 돼요.　 아는 내용이에요.　 놀라워요.　 더 알고 싶어요.

함께 읽어요 좌충우돌 조선 전쟁 극복기 | 손주현 | 웅진주니어 (4학년 이상)

월 일

한 문장 요약
광해군의 중립 외교를 못마땅해한 이들이 인조반정을 일으킨 뒤, 후금을 멀리하는 바람에 정묘호란이 일어났다.

초성 퀴즈
1. 광해군을 몰아내고 인조를 왕으로 세운 사건   ㅇㅈㅂㅈ
2. 1627년에 후금이 조선을 침략한 사건   ㅈㅁㅎㄹ

미니 퀴즈
1. 정묘호란의 '호'는 무슨 뜻인가요?
2. 후금이 조선에 쳐들어온 이유는 무엇인가요?

핵심어 뽑기
기사에서 핵심어 3개를 뽑아 보세요.

1623년
인조반정

1627년
정묘호란

미니 논술
광해군이 펼친 중립 외교에 대해 어떻게 생각하나요?

정답 **초성 퀴즈** 1. 인조반정 2. 정묘호란 **미니 퀴즈** 1. 오랑캐 2. 인조가 명과 잘 지내고 후금을 멀리해서
핵심어 예시 정묘호란, 인조반정, 여진 등 **미니 논술** 나라를 지키기 위해 한 선택이기 때문에 현명하다고 생각한다.

병자호란, 삼전도에서 굴욕을 당하다

삼전도비

후금이 나라 이름을 청이라고 바꾸고 1636년에 다시 조선에 쳐들어왔습니다. 정묘호란이 일어난 지 8년 만입니다. 조선은 결국 청나라에게 굴욕적인 항복을 하고 말았습니다.

청나라는 날로 세력을 키우더니 조선에게 임금과 신하 관계를 맺자고 했었습니다. 정묘호란 때 형제 관계를 맺었는데 이제는 청나라를 임금의 나라로 섬기라는 뜻이었습니다. 게다가 명나라와 전쟁을 할 것이라며 군사와 물자 지원을 요구하기도 했습니다. 명나라를 섬기는 조선은 이 요구를 들어주지 않았습니다. 그러자 청나라 태종은 군사를 이끌고 조선을 침략했습니다. 이것이 **병자호란**입니다.

병자호란이 일어나자 조선의 16대 왕 인조는 신하들과 **남한산성**으로 도망갔습니다. 이곳에서 45일을 버텼지만 청나라의 거센 공격과 추위를 이길 수 없었습니다.

때는 1637년 1월, 인조는 항복을 하기 위해 남한산성에서 나와 삼전도로 향했습니다. 청나라 태종 앞으로 가서 세 번 절하고 아홉 번 머리를 바닥에 찍는 삼배구고두례를 했습니다. 인조가 너무도 굴욕적으로 항복을 했다는 소식에 백성들은 슬픔에 빠졌습니다.

조선은 청나라가 요구한 대로 임금과 신하의 관계를 맺었습니다. 이로써 조선은 명나라와의 관계가 끊어졌습니다. 청나라가 조선을 사사건건 간섭하기 시작하며 조선의 운명은 매우 위태로운 상황이 됐습니다. 임진왜란부터 시작해 정묘호란, 또다시 병자호란을 겪은 조선은 그야말로 쑥대밭이 된 모습입니다.

 어려워서 소리 내어 읽었어요. 흥미로워요. 이해가 안 돼요. 아는 내용이에요. 놀라워요. 더 알고 싶어요.

함께 읽어요 병자호란, 위기에서 빛난 조선의 리더들 | 박은정 | 휴먼어린이 (5학년 이상)

월 일

한 문장 요약
병자호란이 일어나자, 인조는 남한산성으로 도망가서 버티다 결국 청에게 굴욕적인 항복을 했다.

초성 퀴즈
1. 1636년 후금이 이름을 청으로 바꾸고 조선을 침략한 사건 ㅂㅈㅎㄹ
2. 청이 침략하자 인조와 신하들이 피신을 했던 곳 ㄴㅎㅅㅅ

미니 퀴즈
1. 후금은 청으로 이름을 바꾼 뒤, 조선에 무엇을 요구했나요?
2. 인조가 청 태종에게 항복한 곳은 어디인가요?

핵심어 뽑기
기사에서 핵심어 3개를 뽑아 보세요.

1636년
병자호란

미니 논술
여러분이 인조라면 청의 요구에 어떻게 대응할지 생각해 보세요.

정답 **초성 퀴즈** 1. 병자호란 2. 남한산성 **미니 퀴즈** 1. 청을 임금의 나라로 섬길 것, 군사와 물자를 지원할 것 2. 삼전도
핵심어 예시 병자호란, 남한산성, 인조 등 **미니 논술** 나라의 주권을 지키기 위해 거절할 것이다.

효종, 북벌 운동을 펼치다

청의 도시를 묘사한 그림

병자호란이 끝난 뒤 조선에는 어두운 날들이 계속되고 있습니다. 이 가운데 효종의 정책이 화제가 되고 있습니다.

왕이 굴욕적으로 항복하고 청나라의 신하 나라가 되기로 한 것은 조선 사회에 큰 충격으로 다가왔습니다. 조선은 청나라를 섬겨야 한다는 사실에 무척 자존심이 상했습니다. 청나라는 조선이 오랑캐로 여겨 온 여진족이 세운 나라이기 때문입니다. 효종은 이 치욕을 갚아야 한다며 북쪽의 청나라를 정벌하자고 주장하고 있습니다. 바로 북벌 운동을 펼치고 있는 것입니다. 군사도 늘리고 무기를 새로 제작하며 만반의 준비를 하고 있습니다.

북벌을 주장하는 효종은 인조의 둘째 아들입니다. 그는 병자호란 뒤 형인 소현 세자와 함께 청나라에 인질로 끌려갔습니다. 두 형제는 무려 9년이나 청나라에서 비참한 생활을 하다가 조선에 돌아왔습니다. 그런데 두 형제는 청나라에 대한 생각이 달랐습니다. 소현 세자는 청나라에 머물면서 발전된 문물과 과학 기술을 보고 놀랐습니다. 청나라 관리와 친하게 지내며 청의 문화를 좋게 보았습니다. 소현 세자는 조선이 청을 배워 실력을 키워야 한다고 주장했습니다. 이를 북학론이라고 합니다.

북학론을 주장하던 소현 세자는 조선에 돌아온 지 두 달 만에 의문의 죽음을 맞았습니다. 그 뒤 인조가 세상을 떠나고 효종이 왕이 되었습니다. 효종은 계속 북벌을 주장하지만 실제로 행동으로 옮기지는 못하고 있습니다.

어려워서 소리 내어 읽었어요.	흥미로워요.	이해가 안 돼요.	아는 내용이에요.	놀라워요.	더 알고 싶어요.

함께 읽어요 소현 세자와 강빈 | 정종숙 | 한솔수북 (5학년 이상)

월 일

한 문장 요약
병자호란 뒤 청에 인질로 끌려갔다가 조선에 돌아와 왕이 된 효종은 북벌 운동을 펼쳤으나 실행하진 못했다.

초성 퀴즈
1. 효종이 청을 정벌해야 한다며 펼친 운동 ㅂㅂ ㅇㄷ
2. 소현 세자가 했던, 조선이 청을 배워 실력을 키워야 한다는 주장 ㅂㅎㄹ

미니 퀴즈
1. 소현 세자는 청에 인질로 갔다가 무엇을 보고 놀랐나요?
2. 북벌 운동은 결론적으로 어떻게 되었나요?

핵심어 뽑기
기사에서 핵심어 3개를 뽑아 보세요.

1649년
효종 즉위

미니 논술
청을 공격하자는 쪽, 청으로부터 배우자는 쪽 중 어느 쪽에 동의하나요?

정답 **초성 퀴즈** 1. 북벌 운동 2. 북학론 **미니 퀴즈** 1. 발전된 문물과 과학 기술 2. 실제로 실행되지는 못했다.
핵심어 예시 효종, 북벌 운동, 북학론 등 **미니 논술** 청에게서 배워 발전시키는 것이 좋을 것 같다.

붕당들이 상복 입는 기간을 두고 싸운다고?

서인으로 예송 논쟁을 했던 송시열

당쟁이 조선을 뒤흔들고 있습니다. 학문이나 정치적인 생각이 같은 사람들이 모인 무리를 **붕당**이라고 하는데, 이 붕당들이 서로 의견을 세우며 대립하는 것이 당쟁입니다.

붕당은 처음에는 서로 의견을 주고받으며 나라의 정치를 잘 이끌어 갔습니다. 그러다 점점 자기 붕당의 의견만 옳다고 내세우거나 자기들끼리 이익을 차지하려고 다투기 시작했습니다.

대표적인 당쟁으로는 예송 논쟁이 있습니다. 예송은 예법을 어떻게 적용할지 따지는 것을 말합니다. 예송 논쟁은 두 차례 일어났습니다. 효종이 세상을 떠났던 1659년과 효종의 왕비가 세상을 떠났던 1674년입니다. 붕당인 서인과 남인은 효종의 계모인 자의 대비가 상복(상을 치를 때 입는 옷)을 얼마나 입어야 하는지를 두고 뜨겁게 논쟁했습니다.

이후 19대 왕 숙종 때에는 사이가 더 안 좋아져서 서로 몰아내려고 했습니다. 서로 자기가 옳다며 기를 쓰고 다퉜습니다. 서인이 관리가 되면 남인이 물러났고 그중 일부는 죽기도 했습니다. 반대로 남인이 관리가 되면 서인이 모조리 쫓겨나기도 했습니다.

당쟁은 갈수록 심해졌습니다. 서로 쫓아내기를 반복하다가 나중에 서인은 노론, 소론으로 갈라지기도 했습니다. 문제는 이러한 당쟁으로 인하여 왕의 힘이 약해졌다는 데에 있습니다. 숙종이 붕당의 힘을 눌러 당쟁을 막으려 했지만, 잘되지 않았습니다. 당쟁으로 어지러운 조선의 앞날에 관심이 모이고 있습니다.

 어려워서 소리 내어 읽었어요.
 흥미로워요.
 이해가 안 돼요.
 아는 내용이에요.
 놀라워요.
 더 알고 싶어요.

함께 읽어요 왜 조선에는 붕당 정치가 이루어졌을까? | 이근호 | 자음과모음 (6학년 이상)

월   일

한 문장 요약
붕당은 학문이나 정치적인 생각이 같은 사람들의 무리인데, 처음에는 의견을 주고받으며 정치를 잘했지만 점차 각 붕당의 이익만을 위해 다퉜다.

초성 퀴즈
1. 조선 시대에 학문이나 정치적인 생각이 같은 사람들의 무리 ㅂㄷ
2. 붕당이 서로 대립하여 싸우는 것 ㄷㅈ

미니 퀴즈
1. 자의 대비가 상복을 입는 기간을 두고 한 논쟁을 무엇이라고 하나요?
2. 붕당들의 대립이 가장 심해졌을 때의 왕은 누구인가요?

핵심어 뽑기
기사에서 핵심어 3개를 뽑아 보세요.

1659년
1차 예송 논쟁

미니 논술
붕당이 서로 싸우고 대립하면 나라에 어떤 영향을 줄까요?

1674년
2차 예송 논쟁

정답 **초성 퀴즈** 1. 붕당 2. 당쟁 **미니 퀴즈** 1. 예송 논쟁 2. 숙종
핵심어 예시 당쟁, 붕당, 예송 논쟁 등 **미니 논술** 나라가 안정되지 못하고 백성들이 힘들 것이다.

조선에 나타난 화폐, 상평통보

상평통보

　요즘 새로운 화폐가 조선의 시장을 중심으로 화제가 되고 있습니다. 바로 **상평통보**입니다.

　조선 후기에는 상업, 수공업이 발달했습니다. 상업은 물건을 파는 일이고 수공업은 손으로 직접 물건을 만드는 일을 말합니다. 물건을 사고파는 시장이 전국 곳곳에 생겼습니다. 시장에서 사람들은 물건값을 쌀이나 옷감으로 냈는데, 매우 불편했습니다. 그러자 **숙종**이 물건을 편하게 사고팔 수 있는 교환 수단으로 화폐를 만들라고 한 것입니다.

　숙종은 이때 만든 화폐의 이름을 상평통보라고 지었습니다. 상평통보는 구리와 주석으로 만들어진 동전으로, 한자로 '상평통보'라고 써 있습니다. 일반적으로 지름이 약 2.5센티미터에서 3.5센티미터 사이입니다. 사실 동전은 이미 인조 때에 만든 적이 있습니다. 하지만 그때는 잘 쓰이지 않았고, 정묘호란과 병자호란이 터지면서 동전을 만드는 일도 중단되었습니다.

　상평통보가 생기자 사람들은 편리해서 좋다는 반응을 보이고 있습니다. 쌀이나 옷감은 들고 다니기 힘든데 동전은 그보다 가볍고 보관이 쉬워 편리하기 때문입니다. 사람들은 시장에서 상평통보를 들고 다니며 신이 나서 물건을 사고파느라 바쁩니다.

　상평통보를 사용하자 상업과 수공업이 더 발달하고 있습니다. 사람들은 화폐 사용이 조선의 경제에 좋은 영향을 미치기를 기대하고 있습니다.

어려워서 소리 내어 읽었어요.	흥미로워요.	이해가 안 돼요.	아는 내용이에요.	놀라워요.	더 알고 싶어요.

함께 읽어요 이선비, 장터에 가다 | 황문숙, 세계로 | 미래엔아이세움 (4학년 이상)

월   일

한 문장 요약
조선 후기 상업과 수공업이 발달했으며, 숙종 때부터는 화폐인 상평통보를 사용했다.

초성 퀴즈
1. 조선 후기에 시장에서 교환 수단으로 쓰기 시작한 화폐 ㅅㅍㅌㅂ
2. 상평통보를 만들어 쓰게 한 왕 ㅅㅈ

미니 퀴즈
1. 조선 후기에 무엇이 발달하면서 화폐의 필요성이 커졌나요?
2. 상평통보는 어떤 점에서 편리했나요?

핵심어 뽑기
기사에서 핵심어 3개를 뽑아 보세요.

1678년
상평통보 주조

미니 논술
상평통보가 오고가는 조선 시장의 모습을 상상해 보세요.

정답 **초성 퀴즈** 1. 상평통보 2. 숙종 **미니 퀴즈** 1. 상업과 수공업 2. 맞바꿀 물건을 들고 다니지 않아도 된다.
핵심어 예시 상평통보, 상업, 수공업 등 **미니 논술** 옷감, 생활용품 등을 활발히 사고팔았을 것이다.

영조, "붕당 따지지 않겠다!" 탕평책 실시

탕평비

　21대 왕 영조가 **탕평책**을 실시하겠다고 밝혔습니다. 지금 조선은 붕당들의 당쟁으로 어지럽고, 붕당들끼리 심하게 다투느라 나랏일은 뒷전입니다. 이 문제를 심각히 여긴 영조가 붕당을 따지지 않고 사람을 골고루 뽑겠다고 한 것이 탕평책입니다.

　영조는 왕이 되기 전부터 당쟁의 문제를 알고 있었다고 합니다. 그래서 왕이 되자마자 당쟁을 막기 위해 노력했습니다. 이전에 아버지였던 숙종도 탕평책을 하고자 했으나 실패하고, 아들인 영조가 비로소 만든 것입니다.

　영조는 어느 붕당에 속한 사람인지 따지지 않고 능력 있는 인물이면 뽑아서 나랏일을 하게 했습니다. 또 같은 붕당의 사람을 관리로 추천하거나 뽑는 일이 많았던 기관의 힘을 줄였습니다.

　영조는 탕평책을 계속 펼치겠다는 뜻으로 조선의 최고 교육 기관인 성균관에 **탕평비**도 세웠습니다. 비석에는 영조가 정치적으로 잘한 일, 탕평책의 원칙 등을 새겨 놓았습니다. 성균관 유생들에게는 서로 뭉쳐 의견을 내세우는 일을 금지시키고, 과거 시험에 탕평과를 만들기도 했습니다.

　영조가 펼친 탕평책으로 인해 조선 사회는 어느 정도 안정이 되는 분위기입니다. 미래 기자의 말에 따르면, 영조가 세운 탕평비는 중요한 문화재로 보존되고 있습니다. 탕평비는 조선을 연구하는 데 중요한 자료로 활용되고 있다고 합니다.

 어려워서 소리 내어 읽었어요.   흥미로워요.   이해가 안 돼요.   아는 내용이에요.   놀라워요.   더 알고 싶어요.

함께 읽어요 새로운 조선을 꿈꾼 영조와 정조 | 이현 | 휴먼어린이 (1학년 이상)

월   일

한 문장 요약
당쟁의 폐해가 심해지자, 영조는 붕당을 따지지 않고 인재를 뽑아 나랏일을 하도록 하는 탕평책을 실시했다.

초성 퀴즈
1. 영조가 당쟁을 막으려고 시행한 정책   ㅌㅍㅊ
2. 탕평책을 알리기 위해 성균관에 세운 비석   ㅌㅍㅂ

미니 퀴즈
1. 영조가 시행한 탕평책의 주요 내용은 무엇인가요?
2. 탕평비에는 탕평책의 원칙 이외에 또 어떤 내용이 새겨져 있나요?

핵심어 뽑기
기사에서 핵심어 3개를 뽑아 보세요.

1742년
탕평비 건립

미니 논술
어느 하나의 붕당이 큰 힘을 가지면 나라에 어떤 문제가 생길까요?

정답 **초성 퀴즈** 1. 탕평책 2. 탕평비 **미니 퀴즈** 1. 붕당을 따지지 않고 능력 있는 사람을 뽑겠다는 것 2. 영조가 정치적으로 잘한 일 등
핵심어 예시 탕평책, 탕평비, 영조 등 **미니 논술** 힘이 센 자기들 입맛대로 나랏일을 결정해서 백성들이 힘들어질 것이다.

정조, 수원 화성 행차하다

수원 화성

정조가 무려 1,779명의 사람들을 이끌고 화성 행차에 나섰습니다. 이 행차에는 정조의 어머니 혜경궁 홍씨가 함께하고 있습니다.

정조가 향하는 곳은 아버지 사도 세자의 무덤인 현륭원과 화성입니다. 사도 세자는 당쟁 속에서 아버지인 영조에 의해 비참한 죽음을 맞이했습니다. 정조가 그 죽음을 기억하기에, 화성 행차가 비장하게 느껴집니다.

1795년, 정조는 창덕궁을 출발해 이틀이 걸려 화성 행궁에 도착했습니다. 정조는 행궁에 머무르는 동안 현륭원을 참배하고, 어머니의 환갑잔치도 열었습니다. 또 군사 훈련을 하고, 인근 백성을 대상으로 과거 시험을 실시해 합격자까지 발표했습니다. 그리고 이번 행차에서 둘러보고 싶었던 화성 성곽을 꼼꼼히 살폈습니다.

정조는 수원에 새로운 도시, 즉 **수원 화성**을 건설하고 있습니다. 화성 건설은 정조가 사도 세자의 무덤을 수원으로 옮기면서 시작됐습니다. 화성은 군사적으로 방어에 유리하고, 한양과 다른 지역을 연결하는 길목에 있어 상업을 하기에도 좋습니다.

또한 정조는 영조의 탕평책을 이어받아 펼쳐 나가고 있습니다. 사도 세자를 죽음으로 내몰았던 당쟁을 없애고 개혁 정치를 하고 싶어 하지요. 자신의 개혁 정치를 뒷받침할 인재를 길러 낼 **규장각**을 세우고, 왕을 지키는 군대인 장용영을 만들어 왕권을 강하게 만들고 있습니다.

 어려워서 소리 내어 읽었어요.
 흥미로워요.
 이해가 안 돼요.
 아는 내용이에요.
 놀라워요.
 더 알고 싶어요.

함께 읽어요 백성을 위한 조선의 신도시 | 정혜원 | 개암나무 (4학년 이상)

월 일

한 문장 요약
정조는 당쟁을 없애고 개혁 정치를 하기 위해, 수원 화성을 건설하고 규장각과 장용영을 설치했다.

초성 퀴즈
1. 정조가 수원에 건설한 도시 ㅅㅇ ㅎㅅ
2. 정조가 개혁 정치를 뒷받침할 인재를 기르기 위해 세운 기관 ㄱㅈㄱ

미니 퀴즈
1. 정조는 왜 수원 화성을 건설했나요?
2. 정조가 군대 장용영을 만든 이유는 무엇인가요?

핵심어 뽑기
기사에서 핵심어 3개를 뽑아 보세요.

1795년
정조, 화성 행차

미니 논술
정조가 화성 행차에 나선 것은 무엇을 보여 주기 위해서였을까요?

정답 **초성 퀴즈** 1. 수원 화성 2. 규장각 **미니 퀴즈** 1. 개혁 정치를 하고 싶어서 2. 왕을 호위해 왕권을 강하게 만들려고
핵심어 예시 정조, 수원 화성, 규장각 등 **미니 논술** 나라를 잘 다스리고 백성을 지키는 왕이라는 것을 보여 주기 위해서였다.

| 선사 | 고조선 초기 국가 | 삼국 | 남북국 | 고려 | **조선** | 대한 제국 일제 강점기 | 대한민국 |

요즘 뜨는 학문은 실생활에 도움 주는 실학!

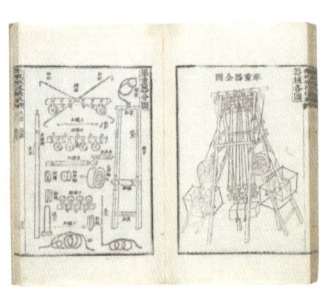

'화성성역의궤'에 실린 거중기

    조선에 요즘 **실학자**들이 등장하고 있습니다. 조선은 본래 유교를 기본 정신으로 삼은 나라입니다. 그런데 유학자들은 이론에만 관심을 두고 현실 문제를 돌보지 않았습니다. 실학자들은 이들을 비판하며 일어선 이들입니다.

    실학자들은 학문은 실제 생활에 쓸모가 있어야 한다고 주장합니다. 그래서 실학이라고 하지요. 그동안 유학은 예, 도리 등을 강조하느라 백성들이 실제로 겪는 문제를 해결하는 데 도움을 주지 못했습니다. 그래서 더욱 실생활에 도움을 주는 학문이 필요했습니다.

    실학자들은 조선 사회의 문제를 해결하고 개혁할 방향을 제시하고 있습니다. 유형원, 이익, 정약용 등은 농민들의 생활을 안정시키기 위해서 토지 제도를 바꿔야 한다고 주장합니다. 그런가 하면 박제가, 홍대용, 박지원 등은 상업과 공업을 발전시켜야 나라가 잘 살 수 있다고 주장하지요.

    실학자들 중 화제가 되는 인물은 **정약용**입니다. 그는 수원 화성을 지을 때 무거운 돌을 쉽게 옮길 수 있는 거중기를 개발했습니다. 백성들이 일할 때 도움이 되는 기술을 연구한 결과라고 합니다. 거중기 덕분에 수원 화성은 예상보다 빨리 지었지요.

    많은 실학자들이 조선 사회를 바꾸기 위해 애를 쓰고 있습니다. 그러나 이들은 대부분 나랏일을 하는 자리에 있지 않습니다. 그러다 보니 조선 사회가 쉽게 바뀌지 않을 거라는 전망도 나오고 있습니다.

어려워서 소리 내어 읽었어요.	흥미로워요.	이해가 안 돼요.	아는 내용이에요.	놀라워요.	더 알고 싶어요.

함께 읽어요 정약용 | 김은미 | 비룡소 (2학년 이상)

| 월 | 일 |

한 문장 요약
유학을 비판하면서 실제 생활에 도움을 주는 학문을 해야 한다고 주장하는 실학자들이 조선에 등장하였다.

초성 퀴즈
1. 실제 생활에 쓸모가 있는 학문이 필요하다고 주장한 학자들 ㅅㅎㅈ
2. 거중기를 만든 조선 후기의 대표적인 실학자 ㅈㅇㅇ

미니 퀴즈
1. 실학자들은 학문이 어때야 한다고 주장했나요?
2. 유형원, 이익 등의 실학자가 주장하는 내용은 무엇인가요?

핵심어 뽑기
기사에서 핵심어 3개를 뽑아 보세요.

1796년
수원 화성 완공

미니 논술
어떤 학문을 해야 우리 생활에 도움이 될지 생각해 보세요.

정답 **초성 퀴즈** 1. 실학자 2. 정약용 **미니 퀴즈** 1. 학문은 실제 생활에 도움이 되어야 한다. 2. 토지 제도를 바꾸어야 한다.
핵심어 예시 실학자, 정약용, 유형원 등 **미니 논술** 사람들이 실제로 겪는 문제를 해결할 수 있는 학문을 해야 한다.

천주교가 들어오고 동학이 생겨나다

최제우

조선에 실학자들이 등장하고 있다는 소식을 전해 드렸습니다. 그런데 이들 중에는 청을 통해 들어온 서양 문물과 천주교를 공부하는 이도 있다고 합니다.

처음에 이들은 천주교를 서양의 학문으로 여겨 서학이라고 불렀습니다. 그러다 곧 종교로 믿게 되었다고 합니다. 이들이 천주교를 믿는 이유는 천주교가 모든 사람이 평등하다고 이야기하기 때문이라고 합니다. 그런데 천주교는 조상에게 제사를 지내는 것을 금지합니다. 유학자들이 이를 좋게 볼 리 없었고, 천주교를 반대하기 시작했습니다. 천주교가 농민들, 여성들에게도 퍼지자 이제 나라가 나서 천주교를 믿는 것을 금지하고 있습니다. 심지어 천주교를 믿는 사람을 감옥에 가두거나 죽이기도 합니다.

동학이라는 종교도 새롭게 생겨났습니다. 최제우가 창시한 동학은 사람이 곧 하늘이라며 모든 사람이 평등하다고 주장합니다. 동학은 서학인 천주교를 반대한다는 뜻으로 지어진 이름이지요. 이들은 동학이 우리의 고유한 종교라고 주장합니다. 동학 역시 백성들에게 널리 퍼지고 있습니다. 동학을 믿는 사람들은 서로 존중하며 평등하게 대하려고 노력합니다. 지배층은 평등을 주장하는 동학 역시 못마땅합니다. 결국 최제우는 잡혀가 죽임을 당했고, 동학을 믿는 사람들은 탄압을 받고 있습니다.

요즘 조선 사회가 참으로 시끄럽습니다. 천주교와 동학이 퍼지는 걸 계속 막고 있는 조선의 앞날은 어떻게 될지 궁금합니다.

 어려워서 소리 내어 읽었어요.
 흥미로워요.
 이해가 안 돼요.
 아는 내용이에요.
 놀라워요.
 더 알고 싶어요.

함께 읽어요 책과 노니는 집 | 이영서 | 문학동네 (5학년 이상)

월   일

한 문장 요약
서학이 들어와 천주교가 종교로 받아들여졌고 이후 동학도 생겼는데, 조선에서는 모두 금지하고 탄압했다.

초성 퀴즈
1. 서양 문물과 천주교를 공부하는 학문 ㅅㅎ
2. 최제우가 만든 종교 ㄷㅎ

미니 퀴즈
1. 서학을 공부한 이들은 왜 천주교를 믿게 되었나요?
2. 동학을 믿는 이들은 서로 어떻게 대하고 있나요?

핵심어 뽑기
기사에서 핵심어 3개를 뽑아 보세요.

1860년
동학 창시

미니 논술
천주교와 동학이 퍼진 것은 조선에 어떤 문제가 있다는 걸 뜻할까요?

정답 **초성 퀴즈** 1. 서학 2. 동학 **미니 퀴즈** 1. 모두가 평등하다고 하여 2. 서로 존중하고 평등하게 대했다.
핵심어 예시 천주교, 동학, 최제우 등 **미니 논술** 신분 제도로 차별을 많이 받았다.

프랑스와 미국이 잇따라 침략해 오다

척화비

지금 조선이 뒤숭숭합니다. 프랑스와 미국이 잇따라 침략했기 때문입니다.

1866년, 프랑스가 강화도에 쳐들어왔습니다. 이 사건을 **병인양요**라고 합니다. 조선이 천주교를 탄압하는 과정에서 프랑스인 선교사 9명이 희생되자, 프랑스가 보복하러 온 것입니다. 강화도를 차지한 프랑스는 조선에게 물건을 사고파는 통상 조약을 맺자고 요구했습니다. 조선이 이를 거절하자 프랑스는 외규장각 의궤 등을 약탈해 돌아갔습니다.

1871년에는 미국이 조선을 공격했습니다. 이 사건은 **신미양요**입니다. 5년 전, 미국의 배 제너럴셔먼호가 허락 없이 평양에 들어온 적이 있습니다. 이들은 통상을 요구하며 행패를 부렸습니다. 이에 조선인들이 배에 불을 질러 침몰시켰는데, 이를 핑계로 미국이 쳐들어온 것입니다. 다행히 조선은 20여 일 만에 미국 군함을 물리쳤습니다.

이러한 상황에서 조선의 최고 권력자 흥선 대원군의 정책이 화제입니다. 고종의 아버지인 그는 나이 어린 왕을 대신해 나라를 다스리고 있습니다. 흥선 대원군은 서양 나라들이 계속 침입해 오자, 나라의 문을 걸어 잠그는 쇄국 정책을 펼치기로 합니다. 그러고는 곳곳에 척화비를 세우고 있습니다. 척화비에는 서양 오랑캐가 쳐들어왔을 때 싸우지 않으면 화해하는 것이며, 화해하는 것은 나라를 파는 일이라고 썼습니다.

한편, 조선에서는 나라가 발전하려면 서양 나라들과 교류해야 한다는 목소리도 나오고 있습니다.

 어려워서 소리 내어 읽었어요.
 흥미로워요.
 이해가 안 돼요.
 아는 내용이에요.
 놀라워요.
 더 알고 싶어요.

함께 읽어요 강화도 서양 함대와 흥선 대원군 | 이정범 | 주니어김영사 (4학년 이상)

월 일

한 문장 요약
프랑스와 미국이 통상을 요구하며 잇따라 쳐들어왔고, 흥선 대원군은 서양과 교류하지 않겠다며 쇄국 정책을 펼쳤다.

초성 퀴즈
1. 조선에 통상을 요구하며 프랑스가 강화도에 쳐들어온 사건 ㅂㅇㅇㅇ
2. 미국이 제너럴셔먼호 사건을 핑계로 쳐들어온 사건 ㅅㅁㅇㅇ

미니 퀴즈
1. 조선이 통상 요구를 거절하자 프랑스는 어떻게 했나요?
2. 흥선 대원군이 쇄국 정책을 펼치며 곳곳에 세운 비석은 무엇인가요?

핵심어 뽑기
기사에서 핵심어 3개를 뽑아 보세요.

1866년 병인양요

1871년 신미양요

미니 논술
서양 나라들과 교류하는 게 맞을까요, 거부하는 게 맞을까요?

정답 **초성 퀴즈** 1. 병인양요 2. 신미양요 **미니 퀴즈** 1. 외규장각 의궤 등을 훔쳐 달아났다. 2. 척화비
핵심어 예시 병인양요, 신미양요, 쇄국 정책 등 **미니 논술** 교류를 하되, 조심스럽게 하는 것이 맞을 것 같다.

강화도 조약을 맺고 나라 문을 열다

강화도 연무당

조선이 일본과 **강화도 조약**을 맺었습니다. 그동안 쇄국 정책을 폈던 조선이 강화도 조약을 맺으며 나라의 문을 연 것입니다.

1875년 9월 일본의 군함 운요호가 강화도 초지진 앞바다에 나타났습니다. 조선군은 더 이상 다가오지 말라는 뜻으로 대포를 쏘며 경고했습니다. 그러자 일본은 조선이 먼저 공격했다며 초지진을 파괴하고 주민들에게 피해를 입혔습니다. 이 사건이 바로 **운요호 사건**입니다.

이듬해, 일본이 다시 왔습니다. 운요호 사건에 대해 이야기할 것이 있다는 겁니다. 일본이 강화도 앞바다에 군함을 대고 금방이라도 전쟁을 할 것처럼 굴자, 조선은 어쩔 수 없이 회담을 열었습니다. 이후 조선은 강화도 연무당에서 일본과 첫 통상 조약을 맺었습니다. 바로 강화도 조약입니다. 강화도 조약은 조선이 다른 나라와 맺은 최초의 근대적 조약입니다. 그런데 조약의 내용이 조선에게 매우 불리했습니다. 일본이 조선의 해안을 자유롭게 측량하는 것을 허용하고, 조선 땅에서 일본인이 죄를 저지르면 조선의 법이 아닌 일본의 법으로 재판한다는 내용이 대표적입니다.

조약을 맺은 이후, 조선은 다른 나라와도 교류하기 시작했습니다. 또 서양의 문화와 제도를 받아들이는 개화를 하자는 주장이 나왔는데, 고종의 왕비인 명성 황후도 적극적으로 개화를 주장하고 있습니다.

 어려워서 소리 내어 읽었어요.
 흥미로워요.
 이해가 안 돼요.
 아는 내용이에요.
 놀라워요.
 더 알고 싶어요.

함께 읽어요 왜 강화도 조약은 불평등 조약일까? | 이정범 | 자음과모음 (6학년 이상)

월 일

한 문장 요약
강화도 조약은 일본이 운요호 사건을 구실로 강화도에서 맺은 조약으로, 조선에 불리한 불평등 조약이었다.

초성 퀴즈
1. 일본 배 운요호가 조선군과 충돌한 사건 ㅇㅇㅎ ㅅㄱ
2. 조선이 일본과 맺은 최초의 근대적 불평등 조약 ㄱㅎㄷ ㅈㅇ

미니 퀴즈
1. 강화도 조약에 따르면, 조선에서 죄지은 일본인은 무엇으로 재판하나요?
2. 개화를 적극적으로 주장한 고종의 왕비 이름을 말해요.

핵심어 뽑기
기사에서 핵심어 3개를 뽑아 보세요.

미니 논술
일본은 어떤 속셈으로 운요호 사건을 일으켰던 걸까요?

1875년 운요호 사건

1876년 강화도 조약 체결

정답 **초성 퀴즈** 1. 운요호 사건 2. 강화도 조약 **미니 퀴즈** 1. 일본의 법 2. 명성 황후
핵심어 예시 강화도 조약, 운요호 사건, 일본 등 **미니 논술** 일본에 유리한 조약을 맺을 속셈으로 일부러 사건을 일으킨 것 같다.

임오군란과 갑신정변이 일어나다

별기군

강화도 조약 체결 이후, 개화 정책을 펼치는 조선이 혼란을 겪고 있습니다. 개화에 불만을 품은 군인들이 난을 일으키고, 반대로 개화를 더 빠르게 해야 한다고 주장하는 이들은 정변을 일으켰습니다.

고종과 명성 황후는 개화 정책을 펼치며 신식 군대인 별기군을 만들었습니다. 별기군은 일본인 교관에게 군사 훈련을 받으며 좋은 대우를 받았습니다. 원래 있던 구식 군대는 차별을 받았고 월급도 잘 받지 못했습니다. 그러다 1882년 어느 날, 밀린 월급으로 모래와 겨가 섞인 쌀을 받자, 구식 군대 군인들이 화를 참지 못하고 난을 일으켰습니다. 이 난이 **임오군란**입니다. 고종은 청나라의 도움으로 난을 진압했습니다.

2년 뒤인 1884년에는 또 다른 사건이 일어났습니다. 고종은 청나라와 가까이 지내며 개화 정책에 소홀했습니다. 이에 불만이 있는 이들이 김옥균을 중심으로 **갑신정변**을 일으켰습니다. 일본군의 도움으로 궁궐까지 점령했습니다. 정권을 잡은 이들은 조선을 빠르게 개화시키고자 했습니다. 신분제 없애기, 능력 있는 관리 뽑기 등을 이야기했습니다. 하지만 청나라 군사들이 오자 일본군이 도망을 치는 바람에, 갑신정변은 정권을 잡은 지 3일 만에 끝나고 말았습니다. 그래서 갑신정변을 삼일천하라고도 부릅니다.

현재 청과 일본은 조선을 두고 서로 눈치를 보고 있습니다. 특히 일본은 조선을 차지하고 싶은 마음을 숨기고 있습니다. 조선의 운명이 위태위태해 보입니다.

 어려워서 소리 내어 읽었어요.
 흥미로워요.
 이해가 안 돼요.
 아는 내용이에요.
 놀라워요.
 더 알고 싶어요.

함께 읽어요 조선은 이웃 나라와 어떻게 지냈나요? | 송찬섭 | 다섯수레 (5학년 이상)

월 일

한 문장 요약
강화도 조약 체결 이후 구식 군대 군인들이 임오군란을 일으켰고, 개화를 서둘러야 한다고 주장하는 이들은 갑신정변을 일으켰다.

초성 퀴즈
1. 신식 군대와의 차별에 화가 난 구식 군대가 일으킨 사건   ㅇㅇㄱㄹ
2. 청에게서 벗어나 개화할 것을 주장한 이들이 일으킨 정변   ㄱㅅㅈㅂ

미니 퀴즈
1. 구식 군대가 난을 일으킨 구체적인 이유는 무엇인가요?
2. 갑신정변을 삼일천하라고도 부르는 이유를 말해요.

핵심어 뽑기
기사에서 핵심어 3개를 뽑아 보세요.

1882년
임오군란

1884년
갑신정변

미니 논술
여러분이라면 조선의 개화를 위해 어떻게 할 것 같나요?

정답 **초성 퀴즈** 1. 임오군란 2. 갑신정변 **미니 퀴즈** 1. 밀린 월급을 모래와 겨가 섞인 쌀로 줘서 2. 3일 동안 정권을 잡아서
핵심어 예시 임오군란, 갑신정변, 개화 정책 등 **미니 논술** 개화를 먼저 이룬 나라와 교류하거나 서양과 직접 교류할 것이다.

전봉준, 동학 농민 운동을 이끌다

공주 우금치 전투 기념비

　조선에서 어마어마하게 큰 농민 운동이 일어났습니다. 동학을 믿는 교도와 농민들이 힘을 합쳐 일으킨 **동학 농민 운동**입니다. 이들은 나라의 잘못된 점을 바로잡자며 들고일어났습니다.

　동학 농민 운동은 전라도 고부에서 시작됐습니다. 고부 군수 조병갑이라는 사람이 농민들을 매우 못살게 굴었습니다. 농민들을 시켜 저수지를 만들게 하고 물값을 내라고 하는가 하면, 자기 아버지를 위한 송덕비를 세운다며 세금도 많이 거두었습니다. 이에 동학의 지도자 전봉준이 농민들을 모아 민란을 일으켰습니다. 이것을 고부 민란이라고 합니다. 그런데 고부 민란을 조사하던 관리가 오히려 동학 교도들을 탄압하자, 전봉준이 다시 힘을 모아 동학 농민 운동을 일으킨 것입니다.

　동학 농민군은 전라도 관아를 공격하고, 전주성까지 차지했습니다. 계속 승리를 거두던 동학 농민군은 조선 정부로부터 개혁을 하겠다는 약속을 받고 물러났습니다. 그런데 갑자기 일본군이 경복궁을 점령했다는 소식이 들려왔습니다. 깜짝 놀란 동학 농민군은 일본을 몰아내려고 다시 일어섰습니다. 그러나 **우금치 전투**에서 크게 졌고, 전봉준은 끌려가 처형을 당했습니다. 이로써 동학 농민 운동은 끝이 나고 말았습니다.

　미래 기자의 말에 따르면, 동학 농민 운동은 실패했지만 나중에 3·1 운동이라는 독립 운동에 큰 영향을 준다고 합니다.

 어려워서 소리 내어 읽었어요.
 흥미로워요.
 이해가 안 돼요.
 아는 내용이에요.
 놀라워요.
 더 알고 싶어요.

함께 읽어요 전봉준이 바라던 나라 | 류은 | 천개의바람 (1학년 이상)

월 일

한 문장 요약
전봉준이 앞장서 동학 농민 운동을 일으켰으나, 우금치 전투에서 패하며 끝이 나고 말았다.

초성 퀴즈
1. 동학의 지도자 전봉준이 농민들과 함께 일으킨 운동 ㄷㅎ ㄴㅁ ㅇㄷ
2. 동학 농민군이 조선 관군과 일본군에 크게 패한 전투 ㅇㄱㅊ ㅈㅌ

미니 퀴즈
1. 동학 농민 운동의 시작점이 된 민란은 어디에서 일어났나요?
2. 동학 농민 운동의 의미는 무엇인가요?

핵심어 뽑기
기사에서 핵심어 3개를 뽑아 보세요.

1894년
동학 농민 운동

미니 논술
동학 교도들은 전봉준이 처형됐을 때 마음이 어땠을까요?

정답
초성 퀴즈 1. 동학 농민 운동 2. 우금치 전투 **미니 퀴즈** 1. 전라도 고부 2. 3·1 운동에 영향을 주었다.
핵심어 예시 전봉준, 동학 농민 운동, 우금치 전투 등 **미니 논술** 전봉준을 믿고 따랐던 만큼 슬프고, 화가 나기도 했을 것 같다.

일본의 목소리가 커진 갑오개혁과 청일 전쟁

갑오개혁을 추진하는 군국기무소

조선에 새로운 것을 받아들여 사회를 새롭게 만들어야 한다는 사람들이 늘고 있습니다. 동학 농민 운동을 했던 사람들, 삼일천하로 끝난 갑신정변을 일으킨 사람들도 모두 그러한 뜻에서 움직인 것입니다.

조선을 개화하고자 하는 사람들이 많지만, 문제가 있었습니다. 강화도 조약 체결 후, 일본이 조선에 들어와 세력을 키우고 있는 것이었습니다. 일본은 조선을 자기들 마음대로 움직이고 싶었습니다. 그래서 경복궁을 점령한 후, 고종에게 개혁할 것을 강요했습니다. 조선이 **갑오개혁**을 하게 된 계기입니다.

갑오개혁은 김홍집이 중심이 되어 조선 사회의 여러 문제점을 고치는 쪽으로 이뤄졌습니다. 과거제를 폐지해 신분 차별 없이 관리를 뽑았고, 노비 제도를 없앴습니다. 또, 교육을 위해 여러 곳에 학교를 세우고, 남편을 잃은 여성이 다시 결혼을 할 수 있도록 허용했습니다. 이로 인해 조선은 새로운 변화를 맞이하고 있습니다.

조선에서 갑오개혁이 시작된 1894년, 일본은 청과 전쟁을 벌였습니다. 다름 아닌 바로 조선 땅에서 말입니다. 조선에 누가 더 큰 목소리를 낼 것인가를 두고 두 나라가 벌인 **청일 전쟁**은 약 8개월간 계속됐습니다. 청일 전쟁은 일본이 승리하며 끝났습니다.

전쟁에서 패배한 청은 조선에서 물러났고, 조선에 대한 영향력을 잃었습니다. 일본의 목소리가 커지게 될 조선의 상황이 위태로워 보입니다.

 어려워서 소리 내어 읽었어요.
 흥미로워요.
 이해가 안 돼요.
 아는 내용이에요.
 놀라워요.
 더 알고 싶어요.

함께 읽어요 개화 소년 나가신다 | 류은 | 책과함께어린이 (5학년 이상)

월   일

한 문장 요약
일본의 강요로 시작된 갑오개혁으로 조선에 많은 변화가 생겼으며, 일본이 청일 전쟁에서 승리해 청은 조선에 대한 영향력을 잃게 됐다.

초성 퀴즈
1. 김홍집이 중심이 되어 했던 사회 개혁 ㄱㅇㄱㅎ
2. 일본과 청이 조선에 대한 영향력을 두고 벌인 전쟁 ㅊㅇ ㅈㅈ

미니 퀴즈
1. 갑오개혁으로 폐지된 대표적인 제도 두 가지는 무엇인가요?
2. 청일 전쟁의 결과를 말해요.

핵심어 뽑기
기사에서 핵심어 3개를 뽑아 보세요.

1894년
갑오개혁 시작

미니 논술
갑오개혁이 조선 사회에 준 좋은 영향은 무엇이라고 생각하나요?

정답 **초성 퀴즈** 1. 갑오개혁 2. 청일 전쟁 **미니 퀴즈** 1. 과거제와 노비 제도 2. 일본이 승리해 청이 조선에 대한 영향력을 잃었다.
핵심어 예시 갑오개혁, 김홍집, 청일 전쟁 등 **미니 논술** 사람들이 좀 더 평등하게 대우받게 되었을 것이다.

| 선사 | 고조선 초기 국가 | 삼국 | 남북국 | 고려 | 조선 | 대한 제국 일제 강점기 | 대한민국 |

명성 황후, 시해되다

옥호루

청일 전쟁 후 러시아가 조선에 관심을 보이고 있다는 소식입니다. 일본이 점점 큰 목소리를 내며 간섭하자, 조선은 러시아에 도움을 요청하기로 했다고 합니다. 명성 황후가 특히 적극적으로 움직였습니다.

일본은 조선이 러시아와 가까이 지내는 게 못마땅했습니다. 러시아는 힘이 세서 일본이 함부로 대할 수 없기 때문입니다. 일본은 러시아와 조선의 관계를 끊어 놓기 위해 충격적인 계획을 짰습니다. 바로 명성 황후를 시해하기로 한 것입니다.

1895년 일본의 공사 미우라 고로의 지시를 따르는 자객들이 이른 새벽 경복궁에 몰래 들어갔습니다. 그러고는 명성 황후가 있는 옥호루로 가서 궁녀들을 보이는 대로 마구 해쳤습니다. 이때 명성 황후도 자객들의 칼날에 목숨을 빼앗기고 말았습니다. 이 사건이 **을미사변**입니다.

을미사변으로 충격을 받은 고종은 궁궐을 떠나 러시아 공사관(아관)으로 몸을 피했습니다. 이를 **아관 파천**이라고 합니다. 자신도 명성 황후처럼 죽임을 당할까 두려웠던 것입니다. 고종은 이곳에서 러시아의 보호를 받으며 1년간 안전하게 지낼 수 있었습니다. 그러나 왕을 보호해 주는 대가로 러시아에게 조선을 간섭할 기회를 주고 말았습니다.

일본의 명성 황후 시해 소식에 이어 고종이 러시아의 보호를 받고 있다는 소식까지 전해 드렸습니다. 조선의 하루하루가 암담합니다.

 어려워서 소리 내어 읽었어요. 흥미로워요. 이해가 안 돼요. 아는 내용이에요. 놀라워요. 더 알고 싶어요.

함께 읽어요 조선왕조에 핀 마지막 불꽃 명성 황후 | 김은희 | 북스 (3학년 이상)

월　　일

한 문장 요약
조선이 러시아와 가까이 지내자 일본은 을미사변을 일으켰고, 고종은 아관 파천을 했다.

초성 퀴즈
1. 1895년 일본이 경복궁을 침입해 명성 황후를 시해한 사건　ㅇㅁㅅㅂ
2. 고종이 러시아 공사관으로 몸을 피한 것　ㅇㄱ ㅍㅊ

미니 퀴즈
1. 일본은 왜 명성 황후를 시해했나요?
2. 고종이 러시아 공사관으로 몸을 피한 이유는 무엇인가요?

핵심어 뽑기
기사에서 핵심어 3개를 뽑아 보세요.

1895년
을미사변

1896년
아관 파천

미니 논술
한 나라의 왕비를 시해한 일본에 대해 국제 사회는 어떻게 생각했을까요?

정답　**초성 퀴즈** 1. 을미사변 2. 아관 파천　**미니 퀴즈** 1. 러시아의 도움으로 일본을 몰아내려 해서 2. 자신도 죽임을 당할까 봐
핵심어 예시 명성 황후, 을미사변, 아관 파천 등　**미니 논술** 자기 나라만 생각해서 끔찍한 일을 벌였다고 생각했을 것이다.

조선 박물관

호패
조선 시대에 16세 이상 남자가 몸에 지니던 신분증이에요.

앙부일구
세종 때 만든 해시계로, 해 그림자를 보고 시간을 알았어요.

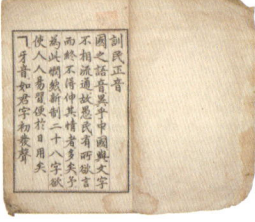
훈민정음 해례본
세종 대왕이 만든 훈민정음을 설명한 책이에요.

거북선
이순신 장군이 만들어 임진왜란 때 썼던 공격용 판옥선이에요.

삼전도비
병자호란 때 청에 굴복한 일을 기록한 비석이에요.

상평통보
숙종 때 만든 화폐로, 앞면에 한자로 상평통보라는 글자가 새겨져 있어요.

탕평비
영조가 당쟁을 멈추고 힘을 합치자는 뜻을 새긴 비석이에요.

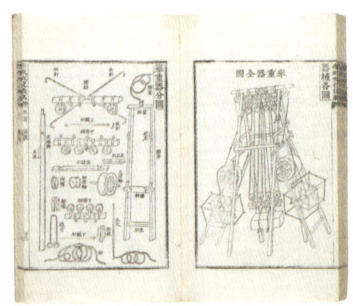
거중기
정약용이 만든 큰 도르래 장치로, 무거운 돌을 쉽게 들어 올릴 수 있었어요.

척화비
외국 세력을 물리치고 나라를 지키겠다는 다짐을 새긴 비석이에요.

대한 제국 ~ 대한민국

고종이 조선의 막을 내리고 대한 제국을 세웠어요. 나라 이름을 '대한 제국'이라고 하면서 자주적이고 강한 황제의 나라로 만들려고 했지요. 하지만 일본의 침략은 점점 심해졌고 결국 나라의 주권을 빼앗겼어요. 하지만 독립운동가들의 피나는 노력과 저항으로 나라를 되찾았어요. 그리고 6·25 전쟁을 겪은 후 오늘날의 대한민국이 되었어요.

대한 제국부터 대한민국에 이르기까지 어떤 일들이 있었을까요? 생생한 기사를 읽으며 우리 민족이 어떻게 나라를 지켜 왔는지, 어떤 마음으로 지금의 나라를 만들었는지 알아보기로 해요.

대한 제국, 외교권을 빼앗기다

을사늑약이 맺어진
덕수궁 중명전

러시아 공사관으로 몸을 피해 있던 고종이 다시 궁궐로 돌아왔습니다. 1896년에 만들어진 독립 협회 회원들이 고종에게 돌아올 것을 요구했기 때문입니다. 독립 협회는 독립신문을 만드는 등 나라의 독립을 위해 일하는 단체입니다.

고종은 궁궐로 돌아온 지 얼마 지나지 않은 1897년 10월, 나라 이름을 **대한 제국**으로 바꾸고 왕에서 황제가 되었습니다. 황제 즉위식도 올렸습니다. 이는 대한 제국이 황제 국가로서 힘이 있음을 알리고, 어느 나라의 간섭도 받지 않고 스스로 나라를 꾸려 가겠다는 의지를 보인 일입니다.

그런데 고종의 의지가 일본에 의해 꺾였다는 소식이 들어왔습니다. 일본과 을사조약이 맺어지고 만 것입니다. 일본은 1904년 조선을 두고 러시아와 전쟁을 했습니다. 러일 전쟁 후 두 나라는 포츠머스 조약을 맺었습니다. 일본은 이 조약으로 대한 제국에 대해 정치적, 군사적, 경제적으로 권리를 갖게 되었습니다. 이에 힘입어 일본은 결국 1905년 조약을 맺고 조선의 외교권을 빼앗았습니다. 외교권이란 한 나라가 다른 나라와 자율적으로 관계를 맺고 활동할 수 있는 권리를 말합니다.

고종은 조약을 맺는 것을 거부했지만, 일본의 이토 히로부미가 일본 편인 신하 다섯 명의 찬성을 얻어 내 조약을 체결했습니다. 이들을 을사오적이라고 부릅니다. 이 조약은 1905년 을사년에 억지로 맺은 조약이라 **을사늑약**이라고 부릅니다.

 어려워서 소리 내어 읽었어요.
 흥미로워요.
 이해가 안 돼요.
 아는 내용이에요.
 놀라워요.
 더 알고 싶어요.

함께 읽어요 대한 제국이 사라진 날 | 이규희 | 바우솔 (4학년 이상)

월 일

한 문장 요약
고종이 나라 이름을 대한 제국으로 바꾸고 스스로 황제의 자리에 올랐으나, 1905년 을사늑약이 강제로 맺어져 나라를 빼앗기고 말았다.

초성 퀴즈
1. 고종이 조선을 황제 국가로 만들기 위해 바꾼 나라 이름 ㄷㅎ ㅈㄱ
2. 대한 제국이 일본에게 외교권을 빼앗기게 된 조약 ㅇㅅㄴㅇ

미니 퀴즈
1. 고종은 왜 나라 이름을 대한 제국으로 바꾸었을까요?
2. 고종이 거부했는데도 을사늑약이 맺어진 이유를 말해요.

핵심어 뽑기
기사에서 핵심어 3개를 뽑아 보세요.

미니 논술
나라의 외교권을 빼앗기는 것은 어떤 의미일까요?

1897년
대한 제국 수립

1905년
을사늑약 강제 체결

정답 **초성 퀴즈** 1. 대한 제국 2. 을사늑약 **미니 퀴즈** 1. 황제국으로서 힘이 있음을 알리기 위해 2. 을사오적이 찬성해서
핵심어 예시 대한 제국, 독립 협회, 을사늑약 등 **미니 논술** 다른 나라와 교류할 기회를 뺏기는 것으로, 독립성을 잃는 것이다.

고종, 헤이그에 특사를 보내다

헤이그 특사

일본의 강요로 을사늑약을 맺었다는 소식이 알려지자, 전국에서 이를 반대하는 운동이 일어나고 있습니다. 고종 황제는 을사늑약의 부당함을 알리기 위해 노력하고 있습니다.

장지연은 황성신문에 '시일야방성대곡'이라는 글을 실어 을사늑약을 비판했습니다. 민영환 등은 을사늑약에 반대하며 스스로 목숨을 끊기도 했습니다. 또 전국 곳곳에서 의병이 일어나 일본에 맞서고 있습니다.

고종은 을사늑약이 부당하게 맺어졌다는 사실을 국제 사회에 알리고자 했습니다. 1907년 6월 15일부터 네덜란드 헤이그에서 세계 여러 나라의 외교관이 참석하는 만국 평화 회의가 열린다는 소식이 들려왔습니다. 고종은 이 회의에 비밀리에 신하 세 명을 보내기로 했습니다. 이들을 **헤이그 특사**라고 합니다.

고종은 특사들에게 을사늑약이 잘못된 조약임을 알리라는 특별한 임무를 주었습니다. 특사들은 임무를 해내기 위해 만반의 준비를 하고 헤이그에 갔습니다. 그러나 일본이 방해하는 바람에 회의에 참석할 수 없었습니다. 특사들은 대신 회의장 밖에서 기자 회견을 했지만 큰 관심을 끌지 못했습니다. 일본은 이 일을 구실로 고종을 황제의 자리에서 끌어내렸습니다. 그러고는 고종의 아들 순종을 황제의 자리에 허수아비로 앉혔습니다.

한편, 대한 제국은 일본의 강요로 일본 은행에서 많은 돈을 빌렸습니다. 이 돈을 갚고자 전 국민이 **국채 보상 운동**을 벌이고 있습니다.

 어려워서 소리 내어 읽었어요.
 흥미로워요.
 이해가 안 돼요.
 아는 내용이에요.
 놀라워요.
 더 알고 싶어요.

함께 읽어요 고종 황제의 비밀 지령 | 이규희 | 풀빛 (3학년 이상)

월 일

한 문장 요약
고종이 헤이그에 특사를 보내 을사늑약의 부당함을 알리려 했으나 실패했고, 나라 안에서는 국채 보상 운동이 일어났다.

초성 퀴즈
1. 고종이 을사늑약의 문제를 알리고자 헤이그에 보낸 특사   ㅎㅇㄱ ㅌㅅ
2. 나라를 찾기 위해 일본에게 빌린 돈을 갚자는 운동   ㄱㅊ ㅂㅅ ㅇㄷ

미니 퀴즈
1. 장지연이 을사늑약 체결을 비판하기 위해 쓴 글의 제목은 무엇인가요?
2. 헤이그 특사가 임무에 실패한 이유는 무엇인가요?

핵심어 뽑기
기사에서 핵심어 3개를 뽑아 보세요.

1907년
헤이그 특사 파견

미니 논술
국채 보상 운동에서 우리가 배울 수 있는 교훈은 무엇일까요?

정답 **초성 퀴즈** 1. 헤이그 특사 2. 국채 보상 운동 **미니 퀴즈** 1. 시일야방성대곡 2. 일본의 방해로 회의에 참석하지 못해서
핵심어 예시 고종 황제, 헤이그 특사, 만국 평화 회의 등 **미니 논술** 나라의 위기가 있을 때 힘을 모아야 한다.

안중근, 이토 히로부미 저격하다

안중근 의거 모습

안중근 의사가 만주 하얼빈역에서 이토 히로부미를 저격했습니다. 독립운동에 큰 영향을 끼친 이 사건에 대해 알아보겠습니다.

이토 히로부미는 대한 제국을 식민지로 만드는 데 앞장선 사람입니다. 독립운동을 하던 안중근은 이토 히로부미를 제거하겠다고 다짐하고 하얼빈으로 향했습니다. 1909년 10월 26일 새벽, 하얼빈역에 이토 히로부미가 탄 기차가 도착했습니다. 안중근은 이토 히로부미가 기차에서 내려 인사하는 순간 총을 쏘았습니다. 이토 히로부미는 응급 처치를 받았지만 곧 목숨을 잃었습니다. 안중근은 그 자리에서 "대한국 만세"라고 힘차게 외쳤습니다.

이후 안중근은 뤼순 감옥에 갇혀 일본 재판정에서 사형 선고를 받았습니다. 그리고 1910년 3월 26일 목숨을 잃었습니다. 당시 이토 히로부미를 저격하는 데 조도선과 우덕순이라는 사람이 함께 도왔습니다. 이들도 모두 재판정에서 처벌을 받았습니다.

안중근은 청년 시절부터 독립운동을 적극적으로 했습니다. 안중근은 사형 선고를 받은 뒤 감옥에 있는 동안 '**동양평화론**'이라는 책을 썼습니다. 다른 나라를 정복해 대제국을 만드는 제국주의를 반대하며 동아시아의 나라들이 서로 협력해야 한다는 주장을 담은 책입니다. 아쉽게도 완성은 못했습니다. 미래 기자가 전해 주길, 2025년까지도 안중근의 유해(주검을 태우고 남은 뼈)를 찾지 못하고 있다고 합니다. 참으로 슬픈 일이 아닐 수 없습니다.

 어려워서 소리 내어 읽었어요.
 흥미로워요.
 이해가 안 돼요.
 아는 내용이에요.
 놀라워요.
 더 알고 싶어요.

함께 읽어요 안중근, 하얼빈에 뜬 평화의 별 | 유순희 | 개암나무 (4학년 이상)

월 일

한 문장 요약
안중근이 하얼빈역에서 이토 히로부미를 저격하고, 감옥에 있는 동안 '동양평화론'이라는 책을 썼다.

초성 퀴즈
1. 1909년 이토 히로부미를 저격한 독립운동가 ㅇㅈㄱ
2. 안중근이 감옥에 있는 동안 쓴 책 ㄷㅇㅍㅎㄹ

미니 퀴즈
1. 안중근의 이토 히로부미 제거 계획을 도운 두 사람은 누구인가요?
2. '동양평화론'은 안중근의 어떤 주장을 담은 책인가요?

핵심어 뽑기
기사에서 핵심어 3개를 뽑아 보세요.

1909년
안중근
의거

미니 논술
안중근의 이토 히로부미 저격은 독립운동에 어떤 영향을 미쳤을까요?

정답 **초성 퀴즈** 1. 안중근 2. 동양평화론 **미니 퀴즈** 1. 조도선, 우덕순 2. 제국주의를 반대하며, 동아시아가 협력해야 한다는 주장
핵심어 예시 안중근, 이토 히로부미, 동양평화론 등 **미니 논술** 우리 독립운동에 자신감을 얻었을 것이다.

나라를 완전히 빼앗기다

한일 병합 조약 체결을 공포하는 순종 황제의 칙유

안중근이 조선을 침략한 이토 히로부미를 저격한 다음 해인 1910년, 대한 제국이 결국 일본에 완전히 넘어갔습니다. **한일 병합 조약**에 도장을 찍은 것입니다. 이는 대한 제국이 일본에게 국권을 넘긴다는 내용이 담긴 조약이라고 합니다.

8월 29일, 순종 황제는 이 조약의 체결 사실을 발표했습니다. 조약 문서에는 대한 제국이 스스로 다스릴 권리를 모두 일본에 넘긴다는 내용이 적혀 있었습니다. 외교권을 일본에 넘기는 것, 법에 관한 권리를 일본에 넘기는 것, 대한 제국의 군대를 해체하는 것, 대한 제국의 재산을 일본에 넘기는 것 등의 내용도 담겼다고 합니다. 이로써 대한 제국은 일본에 완전히 넘어가고 말았습니다. 일본의 지배를 받는 식민지가 되고 만 것입니다.

일본은 한국과 일본이 하나가 된 한일 병합이라고 말합니다. 그러나 이는 엄연히 한 나라의 통치권을 빼앗은 국권 피탈입니다. 사람들은 한일 병합 조약 체결을 두고 **경술국치**라고 일컫고 있습니다. 경술국치는 1910년 경술년에 당한 나라의 수치라는 뜻입니다. 조선 왕조가 세워진 지 518년 만에, 대한 제국으로 나라 이름을 바꾼지 13년 만에 일어난 일입니다.

이 원통한 소식에 나라 안이 뒤숭숭합니다. 한민족의 역사는 여기서 멈추는 것일까요? 온 민족이 불안해하고 있습니다.

 어려워서 소리 내어 읽었어요.
 흥미로워요.
 이해가 안 돼요.
 아는 내용이에요.
 놀라워요.
 더 알고 싶어요.

함께 읽어요 일제 강점기 최초의 여성 노동 운동가 강주룡 | 김미승 | 청어람주니어 (4학년 이상)

월 일

한 문장 요약
1910년에 대한 제국이 국권을 일본에 넘긴다는 내용의 한일 병합 조약을 강제로 맺은 것을 국권 피탈, 경술국치라고도 한다.

초성 퀴즈
1. 대한 제국을 일본에 넘긴다는 내용의 조약　ㅎㅇ ㅂㅎ ㅈㅇ
2. 한일 병합을 일컫는 '경술년에 당한 나라의 수치'란 뜻의 말　ㄱㅅㄱㅊ

미니 퀴즈
1. 한일 병합 조약의 체결 사실을 발표한 황제는 누구인가요?
2. 한일 병합 조약의 주요 내용을 말해요.

핵심어 뽑기
기사에서 핵심어 3개를 뽑아 보세요.

미니 논술
왜 '한일 병합 조약 체결'이 아니라 '국권 피탈'이라고 해야 할까요?

1910년
국권 피탈

정답　**초성 퀴즈** 1. 한일 병합 조약 2. 경술국치　**미니 퀴즈** 1. 순종 황제 2. 대한 제국이 스스로 다스릴 권리를 일본에 넘긴다는 내용
핵심어 예시 한일 병합 조약, 경술국치, 국권 피탈 등　**미니 논술** 나라의 통치권을 빼앗기는 조약을 강제로 맺었기 때문이다.

조선 총독부가 세워지다

조선 총독부

대한 제국이 일본에 국권을 빼앗긴 뒤, 한국인들은 나라 안팎 곳곳에서 나라를 찾기 위한 투쟁을 시작했습니다.

현재 일본은 식민지가 된 대한 제국을 다스리기 위한 **조선 총독부**를 세우고 우리 민족을 몰아세우고 있습니다. 토지 조사 사업을 벌여 온갖 핑계로 우리 땅을 빼앗아 일본 땅으로 만들고 있습니다. 또, 학교에서는 선생님들이 칼을 차고 수업을 합니다. 길거리에는 헌병 경찰이 돌아다니며 한국인들을 함부로 대하고 있습니다.

한편 나라 밖에서는 제1차 세계 대전이 한창이었습니다. 전쟁이 끝나갈 무렵 미국의 윌슨 대통령이 각 민족의 운명은 스스로 결정할 권리가 있다는 주장을 했습니다. 이를 **민족 자결주의**라고 합니다. 민족 자결주의는 당시 식민지로 있던 많은 나라들에게 독립의 희망을 주었습니다. 곧 세계 곳곳에서 독립 운동이 일어났습니다.

우리나라도 민족 자결주의의 영향을 받아 움직이기 시작했습니다. 1919년 2월 8일, 일본 도쿄에서 공부하던 우리나라 유학생들이 독립 선언을 했습니다. 세계에 우리의 독립 의지를 밝힌 것입니다. 2·8 독립 선언은 일본이 학생들을 잡아 가두면서 끝이 났습니다. 하지만 이 사건은 나라 안팎의 독립운동가들에게 큰 감동을 주고 있습니다.

세계 식민지 국가들과 우리 유학생들의 독립 선언이 앞으로 우리 민족에게 어떤 영향을 줄지 관심이 모아지고 있습니다.

 어려워서 소리 내어 읽었어요. 흥미로워요. 이해가 안 돼요. 아는 내용이에요. 놀라워요. 더 알고 싶어요.

함께 읽어요 세 아이의 약속 | 이하은 | 딱지 (4학년 이상)

월   일

한 문장 요약

일본이 조선 총독부를 세워 식민 통치를 하는 가운데, 윌슨의 민족 자결주의에 힘입어 독립 선언을 하는 이들이 생겨났다.

초성 퀴즈

1. 일본이 우리나라에 세운 식민 통치 기구 ㅈㅅ ㅊㄷㅂ
2. 각 민족의 운명은 스스로 결정할 권리가 있다는 주장 ㅁㅈ ㅈㄱㅈㅇ

미니 퀴즈

1. 일본은 무슨 사업을 벌여 우리 땅을 일본 땅으로 만들었나요?
2. 윌슨이 말한 민족 자결주의란 무엇인지 말해요.

핵심어 뽑기

기사에서 핵심어 3개를 뽑아 보세요.

미니 논술

일본이 조선 총독부를 세우고 우리에게 한 일에 대한 의견을 말해요.

1910년
조선 총독부 설치

1919년
2·8 독립 선언

정답 **초성 퀴즈** 1. 조선 총독부 2. 민족 자결주의 **미니 퀴즈** 1. 토지 조사 사업 2. 각 민족의 운명은 스스로 결정해야 한다.
핵심어 예시 조선 총독부, 민족 자결주의, 독립 선언 등 **미니 논술** 한 나라를 짓밟는 잔인한 행동이다.

3·1 운동, 전국에 퍼진 대한 독립 만세 함성

독립 선언서

1919년 3월 1일 오후, 서울에 있는 탑골 공원에서 만세 운동이 일어났습니다. 이곳에 모인 이들은 독립 선언서 낭독 후에 대한 독립 만세를 외치며 행진했습니다. **3·1 운동**이 일어난 것입니다.

앞서 일본 도쿄 유학생들의 2·8 독립 선언에 독립운동가들이 감동을 받았다는 소식을 전해 드렸습니다. 독립운동가들은 국내에서도 독립 선언을 하기로 하고, 독립 선언서를 썼습니다. 그리고 3월 1일, 민족 대표 33인이 종로 태화관에 모여 독립 선언문을 낭독했습니다. 비슷한 시각 탑골 공원에서 학생들과 시민들도 독립 선언서를 낭독하고 거리로 나가 태극기를 흔들며 만세를 외쳤습니다. 거리는 손에 태극기를 하나씩 들고 만세를 외치는 사람들로 가득했습니다.

3·1 운동은 하루 만에 끝나지 않았습니다. 전국으로 퍼져 나가 점점 많은 사람들이 거리로 나와 만세를 외쳤습니다. 3·1 운동 소식은 나라 밖으로도 전해졌습니다. 만주, 미국, 일본 등에 있는 동포들도 만세 운동을 하고 있다고 합니다.

일본은 한국인들의 만세 운동을 가만두지 않았습니다. 일본은 만세 운동을 하는 이들을 총칼로 잔인하게 진압했습니다. 많은 사람들을 감옥에 가두기도 했는데 이 중에는 10대 소녀 **유관순**도 있습니다. 유관순은 서대문 형무소에서도 만세 운동을 하다 끔찍한 고문을 받고 그만 세상을 떠나고 말았습니다.

어려워서 소리 내어 읽었어요. / 흥미로워요. / 이해가 안 돼요. / 아는 내용이에요. / 놀라워요. / 더 알고 싶어요.

함께 읽어요 사라진 이름을 기억하는 곳, 서대문 형무소 | 한영미 | 개암나무 (4학년 이상)

월 일

한 문장 요약
1919년 3월 1일 시작된 만세 운동은 전국으로 퍼져 나갔고, 유관순은 만세 운동을 하다 잡혀 서대문 형무소에서 숨을 거두었다.

초성 퀴즈
1. 1919년 우리 민족이 만세를 외치며 일으킨 독립운동   3·1 ㅇㄷ
2. 3·1 운동에 참여했던 10대 소녀 독립운동가   ㅇㄱㅅ

미니 퀴즈
1. 만세 운동을 벌이던 우리 민족을 일본은 어떻게 했나요?
2. 서대문 형무소에 갇힌 유관순은 어떻게 되었나요?

핵심어 뽑기
기사에서 핵심어 3개를 뽑아 보세요.

미니 논술
3·1 운동 이후, 사회에 어떤 변화가 일어났을까요?

1919년
3·1 운동

정답   **초성 퀴즈** 1. 3·1 운동 2. 유관순   **미니 퀴즈** 1. 총칼로 진압하고 감옥에 가두기도 했다. 2. 고문을 당하다 세상을 떠났다.
핵심어 예시 3·1 운동, 독립 선언서, 유관순 등   **미니 논술** 우리나라를 되찾고자 하는 열망과 용기가 커졌을 것이다.

독립군, 항일 무장 투쟁을 하다

청산리 전투 승리 기념사진

일제가 3·1 운동을 잔인하게 진압했지만, 우리 민족의 독립운동 열기는 꺼지지 않고 있습니다. 그런 가운데 1919년 4월 11일 중국 상하이에 대한민국 임시 정부가 들어섰다는 소식이 들어왔습니다. 일본의 감시를 피해서 중국 상하이에 세웠다고 합니다. 이후 임시 정부는 일본에 맞서는 독립운동의 중심이 되고 있습니다.

만주와 연해주에서 독립군들이 열심히 싸우고 있다는 소식도 들어왔습니다. 특히 두 전투가 화제입니다. 1920년 6월에는 홍범도 장군이 독립군을 이끌고 만주 지린성 봉오동 골짜기에서 일본군을 크게 물리쳤습니다. 이것이 바로 봉오동 전투입니다. 1920년 10월에는 김좌진 장군과 홍범도 장군이 이끄는 독립군이 만주 지린성에 있는 청산리 등의 지역에서 일본군과 싸워 크게 이겼습니다. 이를 청산리 대첩이라고 부릅니다. 두 전투의 승리 소식에 우리 민족은 독립을 이룰 수 있다는 희망과 용기를 드높이고 있습니다.

국내에서도 독립운동을 이어 가고 있습니다. 1923년, 시민들은 우리가 만든 물건을 사자는 물산 장려 운동을 했습니다. 그래야 경제적으로 힘을 키워 일본과 맞설 수 있다고 생각했기 때문입니다.

또 1926년 6월 10일, 대한 제국의 마지막 황제 순종의 장례식 때 또 한 번 만세 운동을 벌였습니다. 바로 6·10 만세 운동입니다. 일제의 탄압에도 불구하고 우리 민족은 독립에 대한 열망을 보여 주었습니다.

 어려워서 소리 내어 읽었어요. 흥미로워요. 이해가 안 돼요. 아는 내용이에요. 놀라워요. 더 알고 싶어요.

함께 읽어요 봉오동에서 청산리까지 | 최은영 | 바우솔 (4학년 이상)

월 일

한 문장 요약
3·1 운동 이후 대한민국 임시 정부가 수립되었고, 독립군들이 일본에 맞서 봉오동 전투와 청산리 대첩에서 크게 이겼다.

초성 퀴즈
1. 1919년에 중국 상하이에 세운 우리 정부　ㄷㅎㅁㄱ ㅇㅅ ㅈㅂ
2. 1923년, 우리가 만든 물건을 사용하자며 일어난 운동　ㅁㅅ ㅈㄹ ㅇㄷ

미니 퀴즈
1. 봉오동 전투를 이끈 장군은 누구인가요?
2. 순종 황제의 장례식 때 일어난 만세 운동을 무엇이라고 하나요?

핵심어 뽑기
기사에서 핵심어 3개를 뽑아 보세요.

미니 논술
우리가 대한민국 임시 정부 수립을 기억해야 하는 까닭은 무엇일까요?

1919년 대한민국 임시 정부 수립

1920년 청산리 대첩

정답　**초성 퀴즈** 1. 대한민국 임시 정부 2. 물산 장려 운동　**미니 퀴즈** 1. 홍범도 2. 6·10 만세 운동
핵심어 예시 대한민국 임시 정부, 홍범도, 물산 장려 운동 등　**미니 논술** 독립운동의 구심점 역할을 했기 때문이다.

우리 민족의 독립운동, 누구라도 무엇으로라도!

이봉창과 윤봉길

3·1 운동 이후, 우리 민족은 독립운동을 다양하게 벌이고 있습니다. 다양한 사람들이 여러 가지 방법으로 독립운동을 하고, 학생들도 항일 운동에 나서고 있습니다.

1927년, 독립운동 단체들이 힘을 모아 신간회를 만들었습니다. 신간회는 이념을 뛰어넘어 한국인들의 독립운동을 돕고 일제에 저항하기 위해 만든 항일 단체입니다.

1929년에는 학생들이 항일 운동에 나섰습니다. 바로 **광주 학생 항일 운동**입니다. 전라도 광주에서 일본인 남학생이 여학생을 괴롭힌 일이 시작이 되어, 일본의 식민 지배에 저항하는 운동으로 번진 것입니다. 학생들이 시작한 운동은 나중에는 신간회의 활약으로 일반인들도 참여하는 전국적 시위로 커졌습니다.

학자들은 민족 문화 수호 운동에 나섰습니다. 역사를 연구하는 학자들은 민족정신을 바로 세울 수 있는 역사책을 펴내고 있습니다. 우리말을 연구하는 학자들이 모인 조선어 학회는 우리말과 글을 지키기 위해 사전을 편찬하고 있습니다.

무엇보다 이봉창과 **윤봉길** 의거가 화제가 되고 있습니다. 이들은 임시 정부에서 일하던 젊은이들입니다. 1932년 1월, 이봉창은 일본 왕을 죽이려고 폭탄을 던졌는데 실패했습니다. 같은 해 4월, 윤봉길은 상하이 홍커우 공원에서 일본 육군 대장과 주요 인물들을 향해 폭탄을 던져 성공했습니다. 두 사람은 나라의 독립을 위해 노력한 한인 애국단 단원들입니다. 나라를 위해 의거한 두 사람 모두 일제의 의해 처형을 당했습니다.

 어려워서 소리 내어 읽었어요.
 흥미로워요.
 이해가 안 돼요.
 아는 내용이에요.
 놀라워요.
 더 알고 싶어요.

함께 읽어요 맞바꾼 회중시계 | 김남중 | 토토북 (6학년 이상)

월   일

한 문장 요약
신간회 창립, 광주 학생 항일 운동, 민족 문화 수호 운동, 이봉창과 윤봉길 의거 등 나라를 찾기 위한 다양한 독립운동이 일어나고 있다.

초성 퀴즈
1. 1929년 광주에서 학생들이 시작한 항일 운동 ㄱㅈ ㅎㅅ ㅎㅇ ㅇㄷ
2. 상하이 훙커우 공원에서 일제에 항거해 폭탄을 던진 사람 ㅇㅂㄱ

미니 퀴즈
1. 이념을 뛰어넘어 일제에 저항하기 위해 만든 단체는 무엇인가요?
2. 이봉창은 어떤 일을 했나요?

핵심어 뽑기
기사에서 핵심어 3개를 뽑아 보세요.

미니 논술
다양하게 일어난 독립운동은 우리 민족에게 어떤 영향을 주었을까요?

1927년 신간회 창립

1932년 이봉창, 윤봉길 의거

정답 **초성 퀴즈** 1. 광주 학생 항일 운동 2. 윤봉길 **미니 퀴즈** 1. 신간회 2. 일본 왕에게 폭탄을 던졌다.
핵심어 예시 이봉창, 광주 학생 항일 운동, 윤봉길 등 **미니 논술** 나라를 되찾을 수 있다는 희망이 생겼을 것이다.

일제, 민족 말살 정책을 펴다

서울 남산에 세워졌던 신사

만주를 침략한 일제가 1937년에 중일 전쟁을 일으켰습니다. 또, 1941년에는 미국의 하와이 진주만을 공격해 태평양 전쟁을 일으켰습니다.

일제는 자기들의 침략 전쟁에 한국인들을 끌어들이려 국가 총동원법을 만들었습니다. 그러고는 광산, 군수 공장, 토목건축 현장 등으로 끌고 가 일을 시키고, 청년들을 전쟁터로 내몰았습니다. 무기 재료와 식량을 얻기 위해 농기구, 곡식 등을 마구 가져가 한국인들의 생활을 어렵게 만들고 있습니다.

일제는 한국인을 향해 **민족 말살 정책**도 펴고 있습니다. 민족 말살 정책은 한국인의 민족정신을 없애려고 하는 정책입니다.

우선 우리말을 쓰지 못하게 했습니다. 관공서에서는 일본말만 쓰게 하고, 학교에서는 아예 우리말을 가르치는 과목을 없애 버렸습니다. 한 학생은 최근 학교에서 실수로 우리말을 썼다가 선생님께 매를 맞았다는 이야기도 전해 주었습니다. 이름 또한 일본식으로 바꾸게 했습니다. 이를 **창씨 개명**이라고 합니다. 이뿐이 아닙니다. 곳곳에 신사를 지어 억지로 참배도 시키고 있습니다. 신사는 일본 종교 시설입니다. 신사 참배를 하라는 건 한마디로 일본에게 충성하라는 뜻입니다.

일제의 전쟁과 민족 말살 정책으로 수난을 겪고 있는 우리 민족의 신음 소리가 곳곳에서 들리고 있습니다.

 어려워서 소리 내어 읽었어요.
 흥미로워요.
 이해가 안 돼요.
 아는 내용이에요.
 놀라워요.
 더 알고 싶어요.

함께 읽어요 마사코의 질문 | 손연자 | 푸른책들 (6학년 이상)

월   일

한 문장 요약
일본은 다른 나라와의 전쟁에 한국인을 동원하고, 한국인의 민족정신을 없애기 위한 민족 말살 정책도 펼쳤다.

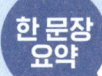

초성 퀴즈
1. 일본이 우리의 민족정신을 없애려고 했던 정책   ㅁㅈ ㅁㅅ ㅈㅊ
2. 일본이 우리나라 사람들 이름을 일본식으로 바꾸게 한 것   ㅊㅆ ㄱㅁ

미니 퀴즈
1. 일제는 한국인들을 침략 전쟁에 끌어들이려 무슨 법을 만들었나요?
2. 일제가 우리 민족에게 참배를 강요한 종교 시설은 무엇인가요?

핵심어 뽑기
기사에서 핵심어 3개를 뽑아 보세요.

1938년
국가 총동원법 시행

미니 논술
일제가 한국인의 민족정신을 없애려고 한 까닭은 무엇일까요?

정답 **초성 퀴즈** 1. 민족 말살 정책 2. 창씨 개명 **미니 퀴즈** 1. 국가 총동원법 2. 신사
핵심어 예시 민족 말살 정책, 창씨 개명, 신사 참배 등 **미니 논술** 일본에게 충성하도록 만들기 위해서이다.

마침내 광복을 맞이하다!

광복을 기뻐하는 사람들

1945년 8월 15일, 우리나라는 드디어 광복을 맞았습니다. 약 35년간 이어진 일제의 지배에서 벗어난 것입니다. 사람들은 거리로 뛰어나와 광복의 기쁨을 표현하며 만세를 외쳤습니다. 그런데 광복 후 얼마 안 돼 한반도가 남과 북으로 반으로 갈라지게 되었다는 안타까운 소식이 들어왔습니다.

우선 광복이 우리의 힘만으로 이루어지지 않은 데서 문제가 생겼습니다. 일본은 다른 나라들과 전쟁을 했습니다. 그중 하나가 태평양 전쟁입니다. 이 전쟁은 일본이 미국의 하와이 진주만을 공격하면서 시작됐습니다. 미국은 전쟁을 빨리 끝내기 위해 소련을 끌어들였습니다. 그러고는 일본에 항복하라고 했으나 일본은 받아들이지 않았습니다.

결국 미국은 일본의 히로시마와 나가사키에 **원자 폭탄**을 떨어뜨렸습니다. 무시무시한 원자 폭탄의 위력에 일본은 항복했습니다. 그래서 일제의 식민지로 있던 한국도 해방됐습니다. 이 과정에서 미국과 소련은 북위 38도선을 경계로 한반도 남쪽은 미군, 북쪽은 소련군이 머무르기로 결정했습니다. 이것이 분단의 씨앗이 된 겁니다.

또 1945년 12월에 있었던 모스크바 3국 외상 회의의 결정은 우리 민족에게 큰 갈등거리를 주었습니다. 미국·소련·영국·중국이 최대 5년간 한반도를 대신 통치한다는 **신탁 통치** 결정이 내려진 것입니다. 광복의 기쁨도 잠시, 땅이 반으로 나뉘고 다른 나라가 임시로 통치를 한다고 하니 안타까워하는 목소리가 터져 나오고 있습니다.

 어려워서 소리 내어 읽었어요.
 흥미로워요.
 이해가 안 돼요.
 아는 내용이에요.
 놀라워요.
 더 알고 싶어요.

함께 읽어요 100년 전 우리는 | 김영숙 | 토토북 (4학년 이상)

월 일

한 문장 요약
1945년 일제에서 해방되었으나, 미국과 소련이 북위 38도선을 경계로 남북에 각각 머무르기로 하면서 분단의 씨앗이 뿌려졌다.

초성 퀴즈
1. 미국이 일본의 히로시마, 나가사키에 떨어뜨린 것   ㅇㅈ ㅍㅌ
2. 모스크바 3국 외상 회의에서 한반도에 대해 내린 결정   ㅅㅌ ㅌㅊ

미니 퀴즈
1. 한국이 일본으로부터 해방된 과정을 간단히 말해요.
2. 신탁 통치의 내용은 무엇인가요?

핵심어 뽑기
기사에서 핵심어 3개를 뽑아 보세요.

미니 논술
식민지가 스스로의 힘으로 해방되어야 하는 이유는 무엇일까요?

1945년
8·15 광복

정답
초성 퀴즈 1. 원자 폭탄 2. 신탁 통치   **미니 퀴즈** 1. 일본이 패하면서 식민지로 있던 한국이 해방되었다.
2. 미국, 소련, 영국, 중국이 최대 5년간 한반도를 대신 통치하는 것
핵심어 예시 광복, 분단, 신탁 통치 등   **미니 논술** 그래야 우리 주권을 제대로 찾아 한 나라로 바로 설 수 있기 때문이다.

대한민국 정부가 수립되다

대한민국 정부 수립 기념식

1948년 5월 10일 남쪽에서 최초로 민주 선거가 치러졌습니다.

5·10 총선거로 뽑힌 국회 의원들은 나라 이름을 대한민국으로 정했습니다. 또 나라의 최고 법인 헌법을 만들고, 7월 17일에 이를 널리 알렸습니다. 헌법에는 대한민국이 3·1 운동으로 세운 대한민국 임시 정부를 계승한다고 밝혀 놓았습니다. 이후 헌법으로 정한 절차에 따라 대한민국의 첫 대통령으로 이승만을 뽑았습니다. 그리고 8월 15일 대한민국 정부가 세워졌음을 알렸습니다.

같은 해 9월, 북쪽에도 정권이 세워졌습니다. 김일성을 최고 지도자로 하는 조선 민주주의 인민 공화국이라는 정권입니다. 남한과 북한이 각각 정부를 세우게 된 것입니다.

남한에서 총선거를 하기 전, 정부를 세우는 일에 대한 사람들의 의견이 달라 다툼이 있었습니다. 김구는 남한 정부를 따로 세우면 북한과 영영 갈라질 수 있다며 함께 하나의 정부를 세워야 한다고 주장했습니다. 단독 선거는 안 된다며 북한을 다녀오기도 했지요. 이승만은 선거를 해서 남한만이라도 정부를 세우는게 중요하다고 했습니다. 결국 이승만의 의견대로 선거를 치렀고 이후 한반도는 완전히 분단되었습니다.

남과 북이 따로 정부를 세운 뒤에는 사이가 좋지 않아 냉전 상황이 이어졌습니다. 남과 북의 높은 긴장도로 인해 한반도에 어떤 일이 일어나지는 않을지, 우려하는 목소리가 나오고 있습니다.

 어려워서 소리 내어 읽었어요.
 흥미로워요.
 이해가 안 돼요.
 아는 내용이에요.
 놀라워요.
 더 알고 싶어요.

함께 읽어요 해방 후 정부 수립과 여운형 | 이정범 | 주니어김영사 (6학년 이상)

월   일

한 문장 요약
남한과 북한에서 각각 이승만과 김일성을 지도자로 하는 정부가 세워지며 한반도는 분단 국가가 되었다.

초성 퀴즈
1. 대한민국의 첫 번째 대통령   ㅇㅅㅁ
2. 1948년 북한에 세워진 정권 이름   ㅈㅅ ㅁㅈㅈㅇ ㅇㅁ ㄱㅎㄱ

미니 퀴즈
1. 헌법에서 대한민국은 무엇을 계승한다고 밝혔나요?
2. 김구가 남한만의 선거를 반대한 이유는 무엇인가요?

핵심어 뽑기
기사에서 핵심어 3개를 뽑아 보세요.

미니 논술
김구와 이승만의 의견 중 누구의 의견에 동의하나요?

1948년
대한민국 정부 수립

정답   **초성 퀴즈** 1. 이승만 2. 조선 민주주의 인민 공화국   **미니 퀴즈** 1. 대한민국 임시 정부 2. 북한과 갈라질 수 있어서
핵심어 예시 5·10 총선거, 이승만, 김구 등   **미니 논술** 하나의 정부를 세워야 한다는 김구의 의견에 동의한다.

6·25 전쟁이 일어나다

인천 상륙 작전

　6·25 전쟁이 일어났습니다. 1950년 6월 25일 새벽, 북한이 38도선을 넘어 남한을 쳐들어왔습니다. 북한군은 사흘 만에 서울을 차지했습니다. 그리고 북한은 더 남쪽까지 거침없이 내려왔습니다.

　북한군의 진격은 미군을 중심으로 한 유엔군이 끼어들며 주춤했습니다. 우리 군인인 국군과 유엔군이 인천 상륙 작전을 펼친 것입니다. 1950년 9월 28일, 서울을 다시 되찾았습니다. 이어 압록강까지 남한이 밀고 올라갔습니다.

　북한의 상황이 불리해지자 중국이 군대를 보내며 전쟁에 참여했습니다. 중국의 참전으로 1951년 1월 4일에 서울을 다시 내주고 말았습니다. 그러다 다시 국군과 유엔군이 서울을 되찾았고 그 후부터는 38도선을 중심으로 조금씩 밀고 밀리며 계속 싸웠습니다.

　전쟁이 끝날 기미가 보이지 않자, 1951년 7월에 전쟁을 멈추기 위한 정전 회담이 열렸습니다. 그로부터 2년이 지나 1953년 7월 27일, 전쟁을 잠시 멈추기로 약속하는 정전 협정이 맺어졌습니다. 그렇게 3년여간 이어지던 전쟁은 멈추었습니다.

　지금 대한민국은 쑥대밭이 되었습니다. 전쟁 이후 휴전선이 생기며 서로 헤어진 이산가족이 너무 많습니다. 전쟁으로 부모를 잃은 아이들이 여기저기에서 울고 있습니다. 철도나 건물 등도 부서져서 복구가 시급합니다. 더 큰 문제는 같은 민족끼리 피를 흘린 전쟁 때문에 남한과 북한의 사이가 앞으로 더욱 냉랭할 것이라는 사실입니다.

 어려워서 소리 내어 읽었어요.
 흥미로워요.
 이해가 안 돼요.
 아는 내용이에요.
 놀라워요.
 더 알고 싶어요.

함께 읽어요 그 여름의 덤더디 | 이향안 | 시공주니어 (4학년 이상)

월 일

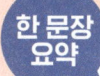
한 문장 요약

1950년 북한의 침략으로 6·25 전쟁이 시작되었고, 3년여 만에 전쟁을 멈췄으나 우리 민족은 큰 피해를 입었다.

초성 퀴즈

1. 1950년 6월 25일, 북한의 침입으로 시작된 전쟁 6·25 ㅈㅈ
2. 유엔군이 인천에 상륙해 서울을 되찾는 데 성공한 작전 ㅇㅊ ㅅㄹ ㅈㅈ

미니 퀴즈

1. 1951년 1월 4일 서울을 다시 내주게 된 까닭은 무엇인가요?
2. 6·25 전쟁의 결과로 어떤 사람들이 생겼나요?

핵심어 뽑기

기사에서 핵심어 3개를 뽑아 보세요.

미니 논술

6·25 전쟁을 했던 남한과 북한은 지금 어떤 사이인가요?

1950년
6·25 전쟁

정답 **초성 퀴즈** 1. 6·25 전쟁 2. 인천 상륙 작전 **미니 퀴즈** 1. 중국군이 참전했기 때문이다. 2. 이산가족과 전쟁고아가 생겼다.
핵심어 예시 6·25 전쟁, 인천 상륙 작전, 정전 협정 등 **미니 논술** 서로 대치하며 잘 소통하지 않는 상태이다.

이승만 정권, 4·19 혁명으로 무너지다

시위하는 학생들

1960년 4월 19일, **4·19 혁명**이 일어났습니다. 12년 동안 나라를 다스렸던 이승만 대통령이 부정 선거를 했기 때문입니다.

대한민국의 첫 번째 대통령이었던 이승만은 헌법을 고쳐서 대통령 선거에서 두 번이나 더 당선됐습니다. 그러다 1960년 3월 15일 선거에서 급기야 투표함을 바꿔치기하는 방법 등으로 부정 선거를 했습니다. 이것을 **3·15 부정 선거**라고 합니다. 부정한 방법으로 많은 표를 얻어 이승만이 대통령이 되자, 참다못한 학생들과 시민들이 거리로 쏟아져 나왔습니다.

학생들과 시민들은 "독재자 이승만은 물러나라", "부정 선거 다시 하라" 등의 구호를 외쳤습니다. 그러자 경찰과 군이 진압에 나서 많은 이들이 목숨을 잃습니다. 점점 더 많은 사람이 참여하자, 결국 이승만은 대통령 자리에서 물러나 미국 하와이로 망명을 떠났습니다.

4·19 혁명은 국민들이 직접 나서서 민주주의를 찾기 위해 일으켰다는 점에서 의미 있다는 평가가 나오고 있습니다. 그러나 무려 186명이 죽고 6천여 명이 다치는 등 피해가 너무 커서 안타깝습니다.

미래 기자가 전해 준 바에 따르면 이때 희생된 분들을 모시는 국립 4·19 민주 묘지가 있다고 합니다. 민주주의를 찾기 위해 애쓴 그분들을 기억해야 할 것입니다.

 어려워서 소리 내어 읽었어요.
 흥미로워요.
 이해가 안 돼요.
 아는 내용이에요.
 놀라워요.
 더 알고 싶어요.

함께 읽어요 4월의 소년 | 박지숙 | 풀빛 (6학년 이상)

월　　일

한 문장 요약
이승만이 독재를 이어 가자, 민주화를 원한 많은 국민이 4·19 혁명을 일으켜 그를 물러나게 했다.

초성 퀴즈
1. 이승만이 부정한 방법으로 대통령이 된 선거 3·15 ㅂㅈ ㅅㄱ
2. 국민들이 일어나 이승만의 부정 선거에 맞서 일으킨 혁명 4·19 ㅎㅁ

미니 퀴즈
1. 이승만은 어떤 방법으로 3·15 부정 선거를 했나요?
2. 4·19 혁명의 결과를 말해요.

핵심어 뽑기
기사에서 핵심어 3개를 뽑아 보세요.

미니 논술
한 사람이 계속 대통령을 하면 어떤 문제가 생길까요?

1960년
4·19 혁명

정답 **초성 퀴즈** 1. 3·15 부정 선거 2. 4·19 혁명 **미니 퀴즈** 1. 투표함을 바꿔치기했다. 2. 이승만이 대통령 자리에서 물러났다.
핵심어 예시 4·19 혁명, 3·15 부정 선거, 이승만 등 **미니 논술** 권력을 독차지해서 나라를 자기 마음대로 운영할 것이다.

5·18 민주화 운동이 일어나다

5·18 추모탑

전라남도 광주에서 **5·18 민주화 운동**이 일어나, 수많은 사람들이 죽고 다쳤다는 안타까운 소식이 들어왔습니다.

이승만이 대통령 자리에서 물러난 이후 윤보선이 대통령이 되었으나 얼마 후 **5·16 군사 정변**이 일어났습니다. 박정희를 중심으로 한 군인들이 윤보선을 대통령 자리에서 내려오게 하고, 1년 후 박정희가 대통령이 되었습니다.

박정희는 18년간 대통령 자리에 있었습니다. 새마을 운동을 하고 산업 발전 등을 위해 애써 온 결과, 경제가 눈부시게 성장했습니다. 하지만 그만큼 노동자들이 너무 많은 일을 해야 했습니다.

유신 헌법을 만들어 독재 정치를 한 박정희는 1979년 10월, 부하의 총에 맞아 세상을 떠났습니다. 국민들은 민주주의가 실현될 것이라는 희망을 품었습니다. 그런데 12월 12일에 또 다른 군인들이 권력을 잡으려고 반란을 일으켰습니다. 이들을 신군부라고 하는데, 그중 한 사람이 전두환입니다.

군인들이 반란으로 권력을 잡자 국민들은 민주화를 위해 다시 일어섰습니다. 특히 광주에서 움직임이 크게 일어났습니다. 이것이 5·18 민주화 운동입니다. 시위가 일어나자 전두환은 군대를 동원해 시민들을 제압했습니다. 많은 사람들이 민주화를 외치다가 억울하게 희생당하는 안타까운 일이 일어난 것입니다.

 어려워서 소리 내어 읽었어요.
 흥미로워요.
 이해가 안 돼요.
 아는 내용이에요.
 놀라워요.
 더 알고 싶어요.

함께 읽어요 오월의 달리기 | 김해원 | 푸른숲주니어 (5학년 이상)

월   일

한 문장 요약
5·18 민주화 운동은 박정희의 독재 후 신군부가 등장해 정권을 잡자, 시민들이 민주화를 외치며 일으킨 운동이다.

초성 퀴즈
1. 1961년 박정희를 중심으로 한 군인들이 일으킨 반란　5·16 ㄱㅅ ㅈㅂ
2. 1980년 광주 시민들이 일으킨 민주화 운동　5·18 ㅁㅈㅎ ㅇㄷ

미니 퀴즈
1. 박정희는 어떤 법까지 만들어 독재 정치를 했나요?
2. 5·18 민주화 운동이 일어나자 신군부는 어떻게 했나요?

핵심어 뽑기
기사에서 핵심어 3개를 뽑아 보세요.

미니 논술
민주화를 외치는 국민의 목소리를 억누른 정권을 비판해 보세요.

1980년
5·18
민주화
운동

정답　**초성 퀴즈** 1. 5·16 군사 정변 2. 5·18 민주화 운동　**미니 퀴즈** 1. 유신 헌법 2. 군대를 동원해 시민들을 제압했다.
　　　핵심어 예시 5·18 민주화 운동, 박정희, 신군부 등　**미니 논술** 국민의 뜻을 억압하고 목숨을 빼앗은 것은 잘못된 일이다.

6월 민주 항쟁으로 이끌어 낸 대통령 직선제

6월 민주 항쟁 시위 모습

　전두환은 5·18 민주화 운동을 무력으로 억누르고 결국 대통령이 되었습니다. 그 뒤로 두 번 연이어 대통령을 했습니다.

　국민들은 다시 거리로 나왔습니다. 그러고는 선거제를 바꿀 것을 요구하는 시위를 벌였습니다. 이때의 선거 방식은 간선제였습니다. 간선제는 간접 선거 제도의 줄임말로 국민을 대신하는 선거인단을 뽑아 그들에게 선거를 대신 치르도록 하는 제도입니다. 국민들은 이 간선제를 국민이 직접 대통령을 뽑는 직선제로 바꾸고 싶어 한 것입니다.

　시위 과정에서 1987년 1월, 대학생 박종철이 경찰의 고문으로 죽는 일이 생겼습니다. 그리고 6월에도 대학생 이한열이 최루탄에 맞아 죽었습니다. 이에 화가 난 국민들은 6월 10일부터 전국 곳곳에서 직선제를 요구하는 시위를 크게 벌였습니다. 이렇게 많은 국민들이 거리로 나와 전두환 정권에 맞서 싸운 일을 **6월 민주 항쟁**이라고 합니다.

　시위가 거세지자 당시 여당인 민주자유당의 대표였던 노태우가 6월 29일 대통령 선거제를 직선제로 바꾸겠다고 했습니다. 이를 **6·29 민주화 선언**이라고 합니다.

　같은 해 12월 16일, 국민들의 직접 투표로 노태우가 대통령이 됐습니다. 이후 대통령은 국민이 직접 투표해서 뽑는 직선제로 뽑고 임기 5년, 단 한 번만 하는 단임제로 한다는 헌법을 만들었습니다. 국민들은 대한민국에 민주주의가 이루어지길 간절히 바라고 있습니다.

 어려워서 소리 내어 읽었어요.
 흥미로워요.
 이해가 안 돼요.
 아는 내용이에요.
 놀라워요.
 더 알고 싶어요.

함께 읽어요 1987 6월민주항쟁 | 오진원 | 현북스 (5학년 이상)

월   일

한 문장 요약

전두환이 대통령을 두 번 연이어 하자 국민들은 대통령 직선제를 요구했고, 노태우가 6·29 민주화 선언을 통해 이를 받아들였다.

초성 퀴즈

1. 대통령 직선제를 요구하며 1987년 국민들이 일어선 것 6ㅇ ㅁㅈ ㅎㅈ
2. 대통령 선거를 직선제로 바꾸겠다고 발표한 선언 6·29 ㅁㅈㅎ ㅅㅇ

미니 퀴즈

1. 1987년에 민주화 운동을 하다 목숨을 잃은 두 청년의 이름을 말해요.
2. 노태우가 대통령과 관련해 새로운 헌법으로 정한 내용은 무엇인가요?

핵심어 뽑기

기사에서 핵심어 3개를 뽑아 보세요.

미니 논술

간선제는 어떤 문제가 있을까요?

1987년
6월 민주 항쟁

정답 **초성 퀴즈** 1. 6월 민주 항쟁 2. 6·29 민주화 선언 **미니 퀴즈** 1. 박종철, 이한열 2. 대통령은 5년 임기이며 한 번만 할 수 있다.
핵심어 예시 6월 민주 항쟁, 노태우, 6·29 민주화 선언 등 **미니 논술** 국민이 원하는 지도자를 뽑기 어려울 수 있다.

세계 속으로 뻗어 나가는 대한민국

2002년 한일 월드컵 축구 대회 응원 모습

많은 국민들의 희생과 노력으로 이루어 낸 민주화는 이후 더 나은 나라를 만드는 밑거름이 되고 있습니다.

1988년에는 서울 올림픽 대회를 열어 대한민국을 세계에 알렸습니다. 1996년에는 경제 협력 개발 기구(OECD)의 회원국이 되었습니다. 우리나라가 경제 성장을 했음을 국제 사회에서 인정받은 겁니다. 2002년에는 일본과 공동으로 한일 월드컵 축구 대회를 열며 계속 발전해 나가고 있습니다.

그런가 하면 2000년에는 김대중 대통령이 북한을 도우며 좋은 관계를 유지하는 **햇볕 정책**을 펼쳤습니다. 그리고 북한의 김정일 위원장을 만나 **6·15 남북 공동 선언**까지 했습니다. 남과 북이 통일 문제 등을 서로 평화롭게 잘 헤쳐 나가자는 내용이 담긴 선언입니다. 이후 김대중 대통령은 노벨 평화상을 받았습니다.

현재의 대한민국은 경제적으로 많이 성장했습니다. 뛰어난 기술력을 바탕으로 여러 분야에서 인정받으며 세계 속의 대한민국이 되어 가고 있습니다. 케이팝에 이어, 케이푸드 등 한국의 문화와 음식이 전 세계적으로 퍼지며 인기를 끌고 있습니다.

어려움이 없었던 건 아닙니다. 1997년 국제 통화 기금(IMF)에서 돈을 빌려 다른 나라에 갚아야 할 돈이 많았습니다. 그러나 수출을 늘리고 금 모으기 운동 등으로 이겨 낸 것처럼, 앞으로도 대한민국은 어떠한 어려움이 닥쳐도 이겨 낼 것입니다.

 어려워서 소리 내어 읽었어요.
 흥미로워요.
 이해가 안 돼요.
 아는 내용이에요.
 놀라워요.
 더 알고 싶어요.

함께 읽어요 우리들의 광장 | 김명희 | 길벗어린이 (1학년 이상)

월   일

한 문장 요약
대한민국은 서울 올림픽 대회, 한일 월드컵 축구 대회 등을 개최하고, 케이팝 등이 인기를 끌며 세계로 나아가고 있다.

초성 퀴즈
1. 김대중 대통령이 북한과 좋은 관계를 맺고자 했던 정책 ㅎㅂ ㅈㅊ
2. 남북 문제를 평화적으로 해결하기로 한 선언 6·15 ㄴㅂ ㄱㄷ ㅅㅇ

미니 퀴즈
1. 우리나라는 1996년에 어떤 국제기구에 회원국으로 가입했나요?
2. 대한민국이 현재 세계적으로 인기를 끌고 있는 것은 무엇인가요?

핵심어 뽑기
기사에서 핵심어 3개를 뽑아 보세요.

미니 논술
우리나라의 자랑거리를 말해 보세요.

정답 **초성 퀴즈** 1. 햇볕 정책 2. 6·15 남북 공동 선언 **미니 퀴즈** 1. 경제 협력 개발 기구 2. 케이팝, 케이푸드 등
핵심어 예시 대한민국, 햇볕 정책, 6·15 남북 공동 선언 **미니 논술** 우리만의 글자가 있고 세계인에게 인기를 끄는 문화가 있다.

1988년
서울 올림픽 대회 개최

2000년
6·15 남북 공동 선언

대한 제국 ~ 대한민국 박물관

덕수궁 중명전
을사늑약이 강제로 맺어진 곳이에요.

순종 황제 칙유
한일 병합 조약이 강제로 체결된 뒤, 순종 황제가 백성에게 내린 글이에요.

독립 선언서
1919년 3·1 운동 때 우리 민족이 독립 의지를 세상에 알린 글이에요.

윤봉길
한인 애국단으로서 일제에 맞서는 의거를 했던 독립운동가예요.

대한민국 정부 수립 선포식
1948년 대한민국 정부 수립을 선포하는 행사를 하는 모습이에요.

5·18 추모탑
5·18 민주화 운동 때 희생된 이들을 기리는 탑이에요.

6월 민주 항쟁
1987년에 우리 국민들이 대통령 직선제를 요구하는 시위를 하는 모습이에요.

지도로 보는 한국사

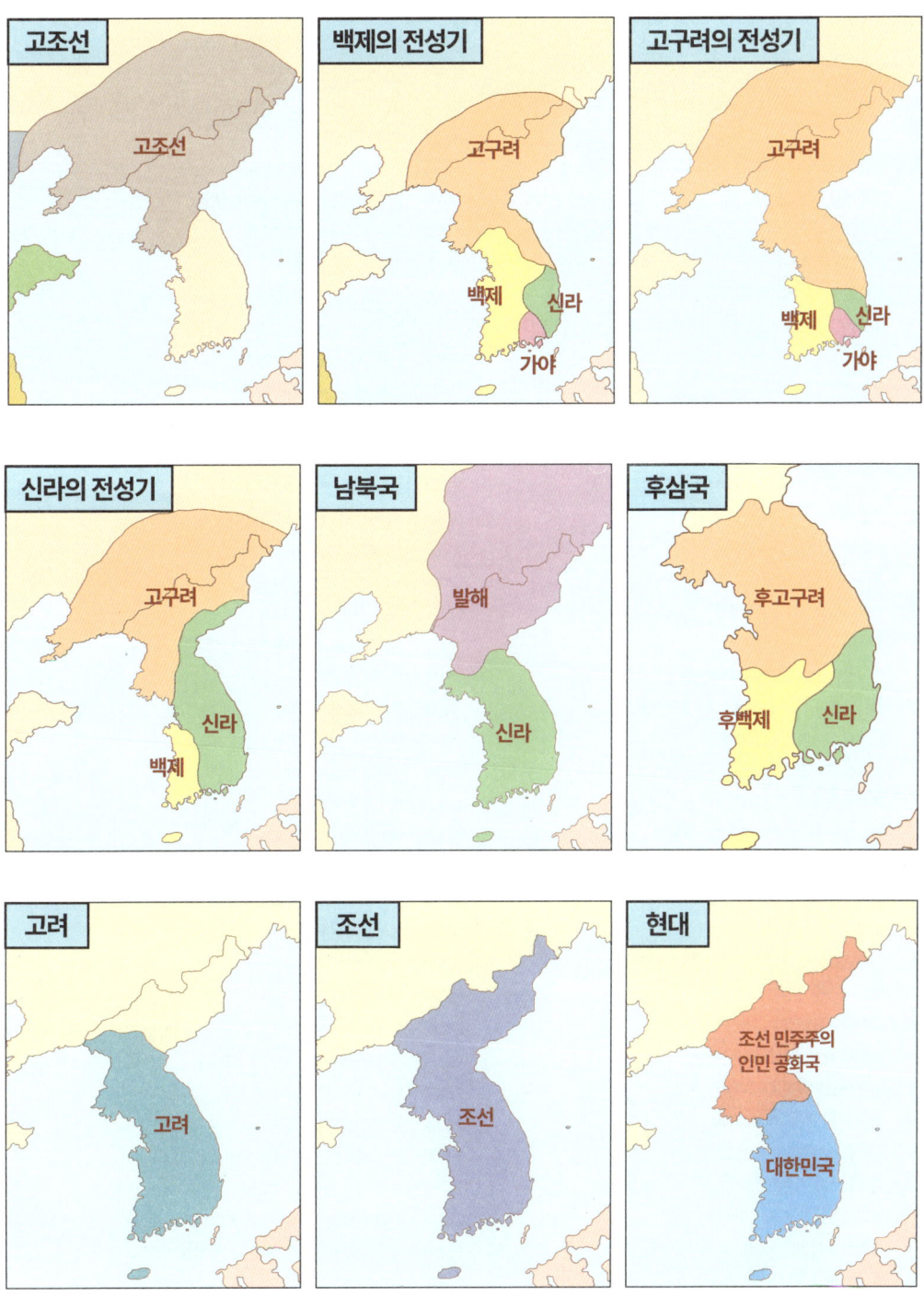

사진 출처

10쪽	주먹도끼_국립중앙박물관
12쪽	빗살무늬 토기_국립중앙박물관
14쪽	갈돌과 갈판_국립중앙박물관
16쪽	청동 잔무늬 거울_국립중앙박물관
18쪽	강화도 부근리 고인돌_Taewangkorea/위키미디어
20쪽	반달 돌칼_국립중앙박물관
22쪽	단군도_국립중앙박물관
24쪽	한서_한국학중앙연구원
26쪽	비파형 동검과 세형 동검_국립중앙박물관
34쪽	법성포 단오제_국가유산청/위키미디어
38쪽	김해 구지봉_국가유산청
40쪽	졸본성_국립중앙박물관
42쪽	서울 몽촌 토성 전경_한국중앙연구원
48쪽	이차돈 순교비_국립경주박물관
50쪽	중국 길림 광개토 대왕릉비 서면_국립중앙박물관
56쪽	무령왕릉 석수_국립공주박물관
58쪽	백제 금동 대향로_국립부여박물관
60쪽	울릉도_경상북도 울릉군
64쪽	임신서기석_국립경주박물관
66쪽	금관_국립중앙박물관
70쪽	가야 철제 판갑옷_국립김해박물관
72쪽	북한산 신라 진흥왕 순수비_국립중앙박물관
76쪽	살수 대첩 기록화_전쟁기념관
78쪽	분황사 모전석탑_한국문화관광연구원
82쪽	계백 장군 영정_한국학중앙연구원
84쪽	짐승 얼굴무늬 수막새_국립중앙박물관
88쪽	돈화 성산자산성_동북아역사넷
92쪽	완도 청해진 유적_국가유산청
94쪽	최치원 초상_한국학중앙연구원
96쪽	김제 금산사_한국관광공사
100쪽	발해 귀면와_전쟁기념관
106쪽	왕건 동상_한국문화유산정책연구소
108쪽	장양수 홍패_한국학중앙연구원
112쪽	귀주 대첩 기록화_한국학중앙연구원
114쪽	윤관 영정_한국학중앙연구원
118쪽	무용총 수박희도_한국학중앙연구원
124쪽	처인성 전투 기록화_전쟁기념관
126쪽	공민왕과 노국 공주_국립고궁박물관
128쪽	정도전 동상_Steve46814/위키미디어
132쪽	정몽주 초상_국립중앙박물관
134쪽	청자 상감 운학무늬 매병_한국학중앙연구원
136쪽	합천 해인사 장경판전_Bernard Gagnon/위키미디어
138쪽	도성도_국립중앙박물관
140쪽	태조 이성계 어진_어진박물관
142쪽	호패_국립중앙박물관
144쪽	앙부일구_국립고궁박물관
146쪽	훈민정음 해례본_국립한글박물관
148쪽	세조 어진_국립고궁박물관
150쪽	거북선_전쟁기념관
152쪽	이순신 동상_세종학당재단
154쪽	누르하치 초상_위키미디어
156쪽	삼전도비_한국학중앙연구원
158쪽	고소번화도_위키미디어
160쪽	송시열 초상_한국학중앙연구원
162쪽	상평통보 당이전_국립중앙박물관
164쪽	탕평비_한국학중앙연구원
166쪽	수원 화성 창룡문_국가유산청
168쪽	화성성역의궤에 실린 거중기_국립중앙박물관
170쪽	최제우_한국학중앙연구원
172쪽	척화비_국립중앙박물관
174쪽	강화도 연무당_국립중앙박물관
176쪽	별기군_한국학중앙연구원
178쪽	공주 우금치 전적 기념비_국가유산청
180쪽	군국기무소도_한국학중앙연구원
182쪽	옥호루_위키미디어
186쪽	덕수궁 중명전_국가유산청
188쪽	헤이그 특사_위키미디어
190쪽	안중근 의거_한국학중앙연구원
192쪽	순종 칙유_국립민속박물관
194쪽	조선 총독부 청사_위키미디어
196쪽	독립 선언서_국립중앙박물관
198쪽	청산리 대첩 승리 기념 촬영_한국학중앙연구원
200쪽	이봉창_한국학중앙연구원	윤봉길_국가유산청
202쪽	남산의 조선 신궁_서울역사박물관
204쪽	1945년 8월 16일 서대문형무소 앞_위키미디어
206쪽	대한민국 정부 수립 기념식_한국학중앙연구원
208쪽	인천 상륙 작전_한국학중앙연구원
210쪽	4·19 혁명_한국학중앙연구원
212쪽	5·18 추모탑_Pioneerhj/위키미디어
214쪽	고 이한열 추모 군중_서울역사박물관
216쪽	2002 한일 월드컵 대회 응원_위키미디어